Lara L.

»Fast wie ein Beckett von heute, kunstvoll und komplex, einfach und mit Humor« (*Süddeutsche Zeitung*) präsentieren sich die Stücke des Multitalents Igor Bauersima. Neben der Kunst seines Schreibens etablierte er mit seinen Inszenierungen den Begriff »Filmtheater« für die Bühne. Immer wieder spielen seine Stücke mit Videokunst, Interaktivität und anderen multivisuellen Gestaltungsmitteln. Bauersimas Figuren verabreden sich im Chat-Room zum Blinddate mit Selbstmordabsicht, verkaufen den toten Körper des Freundes an Kunsthallen und ziehen Kinder groß, die von Hitlers DNA geklont wurden. Er wechselt zielsicher zwischen Witz und Absurdität, schwarzem Humor und Betroffenheit. Seine Stücke denken Ängste weiter, ohne zu moralisieren, porträtieren Menschen, die sich an Jahrtausendwechselproblematiken abzukämpfen haben, und das alles im Tonfall eines heutigen Parlando, gespickt mit Sätzen, deren Leichtigkeit bei genauerem Hinsehen philosophische Wahrheiten offenbart.

Igor Bauersima, 1964 in Prag geboren, aufgewachsen in der Schweiz, ist seit 1998 als Architekt, Musiker, Bühnenbildner, Regisseur, Theater- und Filmautor tätig. 1993 gründet er in Zürich mit drei Schauspielern die OFF OFF Bühne, für die er neun Stücke schrieb und inszenierte. Mit seinem Stück *Forever Godard* erhielt die OFF OFF Bühne 1998 auf dem Impulse Festival NRW den Preis für die beste freie Theaterproduktion. Dem Autor, bis heute immer auch sein eigener Uraufführungsregisseur, gelang im Jahr 2000 mit seinem Stück *norway.today* international der Durchbruch. Mittlerweile ist das Stück erfolgreich weltweit an über 100 Bühnen gespielt worden. *futur de luxe*, eine Auftragsarbeit für das Schauspiel Hannover, entstand, ebenso wie *tattoo,* in Zusammenarbeit mit der 1969 in Genf geborenen Schweizer Schriftstellerin Réjane Desvignes. Igor Bauersima lebt heute in Zürich und Paris.

Unsere Adressen im Internet: www.fischerverlage.de
www.fischertheater.de

Igor Bauersima

norway.today

3 Theaterstücke

FISCHER Taschenbuch

Theater
Eine Reihe bei FISCHER Taschenbuch

17. Auflage: August 2019

Originalausgabe
Erschienen bei FISCHER Taschenbuch,
Frankfurt am Main, Oktober 2003

Für diese Ausgabe
© S.Fischer Verlag GmbH, Frankfurt am Main 2003
Aufführungsrechte: S.Fischer Verlag GmbH, Frankfurt am Main
Satz: Pinkuin Satz und Datentechnik, Berlin
Druck und Bindung: GGP Media GmbH, Pößneck
Printed in Germany
ISBN 978-3-596-16144-7

Inhalt

norway.today   7

futur de luxe   63

tattoo   121

the future will be better tomorrow   181

Nachwort   186

Nachweise der Druck-
und Aufführungsrechte   192

norway.today

von Igor Bauersima

Personen

JULIE
AUGUST

Orte

Im Internet
Ein Felsvorsprung über dem Fjord

Wouldn't it be nice if we were older
Then we wouldn't have to wait so long
And wouldn't it be nice to live together
In the kind of world where we belong
You know it's gonna make it that much better
When we can say goodnight and stay together
Wouldn't it be nice if we could wake up
In the morning when the day is new
And after having spent the day together
Hold each other close the whole night through
Happy times together we've been spending
I wish that every kiss was neverending
Wouldn't it be nice

Maybe if we think and wish and hope and pray it might come true
Baby then there wouldn't be a single thing we couldn't do
We could be married
And then we'd be happy
Wouldn't it be nice
You know it seems the more we talk about it
It only makes it worse to live without it
But let's talk about it
Wouldn't it be nice
Good night my baby
Sleep tight my baby

Wouldn't It Be Nice
Brian Wilson/Tony Asher

Die Luft klingt ein wenig nach »see you in another world« von NURSE WITH WOUND und nach Stille. Weißes Rauschen.
Auftritt Julie. Sie trägt ein T-Shirt mit der Aufschrift julie@home.shirt

JULIE Hallo, ich bin Julie. Dies sind meine ersten Worte an diesem Ort. Wenn meine Mitteilung deshalb womöglich unpassend ist, bitte ich um Entschuldigung. Meine Nachricht ist nämlich nur für Leute bestimmt, die sich umbringen wollen. Ich bitte deshalb diejenigen, welche nicht die Absicht haben, das Leben sein zu lassen, mir keine weitere Beachtung zu schenken und diesen Chatroom vielleicht kurz mal zu verlassen.

– –

Ich werde, und das ist keine plötzliche Entscheidung, bald Selbstmord begehen. Ich habe mir das lange überlegt. Mein Entschluss ist gefasst. Auch wenn sich das für einige vielleicht ein bisschen seltsam anhört, ich möchte es mit jemandem zusammen tun. Deshalb hier meine Frage: Möchte jemand mit mir in den Tod gehen? Ihr braucht jetzt nichts zu sagen. Ich verstehe absolut, wenn sich hier keiner öffentlich dazu bekennen will, dass er die Schnauze voll hat von allem. Womöglich sitzt ihr neben eurem Lebensabschnittspartner, und der findet es ganz okay, noch eine Weile die Ressourcen der Erde zu plündern und zu warten, bis ihn Krebs oder sonst eine Seuche von der Erdoberfläche kratzt. Aber ich will keine schlechte Stimmung machen, hier. Smile. Was ich sagen will ist, da sind ja normalerweise noch viele Bande da, zwischen einem, der gehen will, und den anderen. Es gibt nicht viele Leute, die den höchsten Akt des Lebensvollzuges begreifen, also verstehen, was »sich selbst aus der Welt schaffen« heißt für die Würde eines Menschen. Normalerweise will einer ja so lange leben, bis er merkt, dass alle weg sind und er ganz alleine ist und immer war. Ich meine, einer unter uns hier wird alle anderen überleben. Und das ist todsicher. Aber ich will hier keine Uneinigkeit säen, auch, im Gegenteil. Weil, wer das Ganze noch ernst nimmt, der ist ja die Regel.

12   norway.today

Ich meine, die m e i s t e n sind ja in irgendwelchen sinnstiftenden, lebenserhaltenden Hirnkonstrukten gefangen. Emotionale Bindungen, Verantwortungsgefühle, ja? Erfolgswahn, Vermehrungstrieb, Genusssucht und andere reaktionäre Bedürfnisse. Gut. Aber ihr seid ja alle da, weil ihr das Leben sein lassen wollt, früher oder später. Wenn das eben keine Verarschung war, dann sind wir unter uns. Ja. Ja. Also.

– –

Ja. Also wie gesagt, alle ernst gemeinten Antworten sind willkommen. Ihr könnt mir natürlich auch eine Mail schicken, und wir arrangieren das. Smile.

– –

Weil, Leute, das habt ihr vielleicht schon bemerkt, ich passe nicht unter die Menschen, auch nicht unter Lebensmüde. Es ist eine traurige Wahrheit, aber eine Wahrheit. Wenn ich mich in Gesellschaft nicht wohl befinde, so geschieht dies weniger, weil andere, als vielmehr weil ich mich selbst nicht zeige, wie ich es wünsche. Die Notwendigkeit, eine Rolle zu spielen, und ein innerer Widerwillen dagegen machen mir jede Gesellschaft lästig, und froh kann ich nur in meiner eigenen Gesellschaft sein, weil ich da ganz wahr sein darf. Das darf man unter Menschen nicht, und keiner ist es …

– –

Nehmt es mir also nicht übel. Ich tue jetzt einfach so, als wärt ihr nicht da.

Auftritt August. Er trägt ein T-Shirt mit der Aufschrift august@home.shirt

AUGUST Also, wenn niemand was sagen will jetzt, dann sag ich vielleicht was. Weil … Also ich heiße August und … Fragt mich bitte nicht warum. Ich weiß es nicht. Ich hab damit nichts zu tun.

– –

… ich hab mir eigentlich nie vorstellen können, dass ich etwas mit dem Leben zu tun haben könnte. Ganz allgemein. Ich weiß nicht, ob das anderen auch so geht. Aber das meiste, was abgeht im Leben, ist ja so schräg, ist so schräg … ich meine nicht lustig, ich meine nur schräg. Es gibt schon Momente. Wenn ich alleine bin, zum Beispiel, und ich renne so vor mich hin, und ich höre meinen Atem und die Schritte, und das Blut pocht in den Ohren ziemlich laut. Aber ich renne ja auch nicht immer. Geht ja nicht, leider, immer rennen. Das Ziel ist: fast nicht da sein. Also nirgends sein. Überall abwesend sein. Das ist am Leben sein. So, fast ohne meine Anwesenheit, wäre es noch eine Weile auszuhalten. Man sagt ja auch: am Leben sein, also nah dran. Und nicht im Leben. Ich meine, wenn einer »voll im Leben steht«, da kann ich Gift drauf nehmen, der ist irgend ein fakes Arschgesicht.

– –

Aber das Ding ist, meistens steht alles still. Und ich stehe still, und es ist kein Laut zu hören.

– –

Nur so ein ungewisser Lärm. Ich weiß nicht, ob das anderen auch so geht, wie gesagt. Keine Ahnung. Vielleicht bin ich krank. Aber das kann ich mir auch gar nicht anhören. »Junge, du bist krank.« Ich meine, wenn so eine ganz schräge Erscheinung auf dich zukommt, mit so 'nem ganz bescheuerten Lächeln, und sagt, »Sie müssen gesund werden, dann werden Sie sehen ...«, da knack ich weg. Wer sind diese super angeschrägten Leute, die dir sagen können, »was du denkst, was ist, ist nicht. Es ist, was wir denken, dass ist.« Ihr wisst, was ich meine. Ich meine, dass nicht ist, was ich denke, das kann ich mir selber denken. Aber woher will irgendjemand wissen, dass ist, was er denkt. Ist doch alles die riesigste Lüge hier. Alles Verstellung. Alle tun so, als wären sie wer, und sind dabei wer ganz anderes nicht. Wie will dann einer wissen, was ist. Nichts ist. Das echteste Gefühl, das ich haben kann, ist das Gefühl des Nichts. Wenn ich diesen Stuhl hier nehme, zum Beispiel, und mit ihm hochfahre, so ... dann tut er das. Gut. Er fährt hoch. Aber trotzdem schwebt so eine merkwürdige Ungewissheit mit. Ich weiß nicht, ist er echt hochgefahren, oder hat er nur so getan? Ist überhaupt echt echt? Wenn ich ihn dann runterlasse, dann fährt er ... vielleicht ... Doch, er fährt runter. Wobei – und das ist der Punkt – wobei er vermutlich nur so tut, als ob er runterfährt, um uns zu beruhigen. Alles Fake. Ich meine, das sieht einer ja überall, das Nichts. Also in diesem Chatroom hier gibt's ab und zu einen, der sagt ein bisschen was dagegen an, umsonst. Aber die meisten User chillen ja immer da draußen als Observer rum und beißen sich ab und zu in die Fersen, um sich einen Hauch von Lebendigkeit vorzuspielen.

Weil zum Abtreten sind dann doch die meisten zu feige. Lieber noch eine Runde ausharren. Vielleicht geschieht noch was Echtes. Hier geschieht nichts Echtes. Ich meine, stellt euch vor, wir würden jetzt mit der Julie gehen. Alle. Das wäre vielleicht echt! Wir würden uns alle die Pulsadern aufschneiden, gegenseitig.

– –

Ich meine, ihr seid ja auch alle hier, weil ihr genug habt von allem. Das ist ein Potenzial. Das wäre doch mal ein Anfang. Das könnte Schule machen.

– –

Es war höchste Zeit, dass sich jemand outet hier. Dass Julie hier sagt, »ich gehe«, finde ich gut.

JULIE Danke.

AUGUST Ich sag das nicht einfach so.

JULIE Klar.

AUGUST Ist ein Lebenszeichen.

JULIE Okay.

– –

War das ironisch?

AUGUST Was?

JULIE Lebenszeichen.

AUGUST Nein. Ja. Nein! Ich meine nur, dass hier nichts los wäre, sonst.

JULIE Ja. Kann sein.

AUGUST Es ist ja nicht mal klar, wer ü b e r h a u p t hier ist, wirklich. Bei der Stille. Wenn plötzlich jemand sagt, »jetzt geh ich«, kann ich mir zumindest vorstellen, dass da eben noch wer war.

JULIE Users come, users go.

– –

Ich bin ja noch da.

AUGUST Ja.

JULIE Und du offenbar auch.

AUGUST Jaja. Du willst also sterben?

JULIE Ich werde sterben. Ja.

AUGUST Hab ich auch vor.

JULIE Ja?

AUGUST Ja.

JULIE Du meinst, bald?

AUGUST Ja.

JULIE Im Ernst?

AUGUST Wie?

JULIE Ich meine, wirklich?

AUGUST Wirklich?

JULIE Die Verbindung abbrechen, meine ich.

AUGUST Die Verbindung?

JULIE Zum Leben und so.

AUGUST Ja, klar. Wie gesagt, da gibt's bei mir gar nicht viel zum Abbrechen.

JULIE Ja.

AUGUST Aus so 'nem Fake wie hier tret ich easy ab. Schon heute
Abend, wenn's sein muss.

JULIE Aber hier ist ja nicht r i c h t i g. Ich meine, richtig weg.

AUGUST Ja klar.

JULIE Weg, weg.

AUGUST Nicht ausloggen oder einpennen oder so was.

JULIE Genau.

AUGUST Hab ich vor.

JULIE Bist du krank oder so?

AUGUST Nein. Doch. Weiß nicht. Sag ich doch …

JULIE Ich bin nicht krank.

AUGUST Ach so, ja. Na ja.

– –

JULIE Ja hör mal, ich will ich hier nicht ewig show-chatten. Ich hab's,
wie gesagt, eilig.

– –

AUGUST Sag mal, wie siehst du denn aus?

JULIE Wie, wie seh ich aus?

AUGUST Sag mal, wie du aussiehst.

JULIE Wie Natalie Wood. Wie Natalie Wood vor dem Ertrinken.

AUGUST Wer ist Natalie Wood?

JULIE Ne Schauspielerin. Sie ist ertrunken.

AUGUST Ach so.

– –

Beschreib mal, wie die aussah.

JULIE Dunkle Haare.

AUGUST Das mag ich.

JULIE Neunzig Prozent der Menschheit hat dunkle Haare.

AUGUST Ja? Ja. Das mag ich.

JULIE Die Wood vor dem Ertrinken, das ist ein psychischer Zustand. Sie war in »Denn sie wissen nicht, was sie tun«. Außerdem weiß keiner nichts, und schon gar nicht, wie die damals aussah, vor dem Ertrinken. Und wenn's doch einer weiß, dann hat er ihr dabei geholfen, und ich kann hier behaupten, was ich will. Natalie Wood ist ein verdammter Star und ihr Tod ein Rätsel.

AUGUST Ich bin sicher, die sah gut aus, vor dem Ertrinken. Ich stell mir vor, die hatte ein Scheißleben, so als Schauspielerin. Alles immer der totale Fake. Falsche Wände, falsche Böden, falsche Leute, nichts ist echt, und ständig sagt dir wer, was du zu tun hast. Das hält doch keiner aus. Da bleibt dir doch die Luft weg. Ich glaube, als die begriffen hat, dass sie gleich ertrinkt, da hat die echt aufgeatmet. So als Schauspielerin. Ich meine … nein, im Ernst. Das hat was Befreiendes.

JULIE Ja.

AUGUST Ja. Ertrinken möchte ich aber nicht unbedingt.

JULIE Nein. Muss nicht sein.

AUGUST Wie willst du's denn machen?

JULIE Zu zweit.

AUGUST Aber wie?

JULIE Kann ich hier nicht sagen. Erst »im Fall dass«. Hier sind bestimmt irgendwelche Gut-Menschen, die nichts lieber tun als irgendwen oder irgendwas retten. Alles, was ich sagen kann, ist, dass es eine todsichere Sache ist. Einwegticket.

AUGUST Dann nimm mich mit.

JULIE Wie alt bist du?

AUGUST Ist doch egal, nein?

JULIE Ja.

AUGUST Eben.

JULIE Also, wie alt?

AUGUST Neunzehn.

JULIE Vergiss es.

AUGUST Was denn?

JULIE Ich will keine Anfänger mit reinziehen.

AUGUST Ich bin kein Anfänger.

JULIE Hast du dich schon mal umgebracht? Ich meine, hast du's schon versucht?

AUGUST Nein. Ja. Klar.

JULIE Und?

AUGUST Und hat noch nicht geklappt.

JULIE Also doch Anfänger.

AUGUST Moment. Du lebst doch auch noch.

JULIE Ja. Ich hab's auch noch nicht versucht. Ich versuch's auch nicht, ich tu's. Leute, die's so ein wenig versuchen und auf Mitleid machen nachher, ist echt nichts für mich.

AUGUST Moment. Ich hab ehrliche Versuche unternommen. Ich hab 'ne Narbe im Gesicht. Ich bin aus dem Bett gefallen, kurz nach der Geburt. Ich hab mich runtergestürzt. War mein erster Reflex. Seit ich denken kann, denke ich daran, mich umzubringen. Im Ernst. Ich wollte mit dem Motorrad in einen Brückenpfeiler rasen, zum Beispiel. Damit's nach einem Unfall aussieht und sich keiner ein Gewissen macht.

JULIE Und?

AUGUST Und was?

JULIE Was war mit dem Pfeiler?

AUGUST Das war Theorie. Das war eine Variante. Weiß nicht. Ich hab eh keinen Führerschein.

JULIE Das hier ist echt.

AUGUST Ja. Ich weiß. Ich hör das raus bei dir.

JULIE Was?

AUGUST Dass das echt ist hier.

JULIE Echt?

AUGUST Echt.

– –

Hallo?

JULIE Ja. Hast du ein Bild von dir?

AUGUST Ein Bild? Wie, ein Bild?

JULIE Ein Bild. Zum Anschauen.

AUGUST Ja.

JULIE Zeig mal.

– –

Das bist du?

AUGUST Ja.

JULIE Das hab ich befürchtet.

AUGUST Was?

18   norway.today

JULIE Dass du gut aussiehst.

AUGUST Wie?

JULIE Der totale Schwarm.

AUGUST So 'n Quatsch. Zeig mal eins von dir.

JULIE Da.

AUGUST Echt?

JULIE Was?

AUGUST Sieht ganz okay aus.

JULIE Danke.

– –

AUGUST Ich möchte mit dir kommen.

JULIE Moment. Ich hab 'ne Frage. Wenn du sie richtig beantwortest, überleg ich's mir.

AUGUST Ist das dein Ernst, jetzt?

JULIE Ich kenn dich doch nicht. Vielleicht bist du irgend so ein Perverser.

AUGUST Ja, smile.

JULIE Bist du so einer?

AUGUST Nein. Smile.

JULIE Gut, wenn ihr da draußen mitraten wollt, könnt ihr das natürlich tun. Also, bereit? Vernunft. Was ist das?

AUGUST Was?

JULIE Ja.

AUGUST Ja?

JULIE Das ist die Frage. Lass dir Zeit.

AUGUST Vernunft? Was ist Vernunft? Vernunft ist krank. Weiß doch jeder.

– –

JULIE Ist das alles?

AUGUST Weiß nicht.

JULIE Weiß sonst einer was? Keine Ahnung? Ja? Nein. Vernunft?

AUGUST Ja. Ich weiß nicht. Ist für jeden was anderes. Also, zum Beispiel finde ich es vernünftig, mich umzubringen, und ein anderer nicht. Da war doch dieser Philosoph, der hat sich also nicht umgebracht, zum Beispiel, aber der hat rausgefunden, dass wir Augen haben, um nicht zu sehen, und Ohren, um nicht zu hören. Wie hieß der nochmal? Also der sagt, dass sich die Vernunft auf diese Augen, die nicht sehen, und diese Ohren, die nicht hören, verlässt.

Und deshalb sei Vernunft ein unvernünftiges Konzept. Ist relativ
weltberühmt. Das war ungefähr einer der Größten. Keine Ahnung ... der hieß irgendwie ...

JULIE Wenn du willst, nehm ich dich mit.

– –

Was ist?

AUGUST Ja.

JULIE Ja, du machst mit? Wir tun's zusammen?

AUGUST Ja!

JULIE Nein. Ich meine, ich will's wissen.

AUGUST Ja.

– –

JULIE Das hab ich nicht erwartet. So schnell.

– –

Das ist dein Ernst ...

AUGUST Ja.

JULIE Das ist dein totaler Ernst. No bullshit?

AUGUST Klar.

– –

JULIE Das ist dein Ernst.

AUGUST Scheißfuckingtodernst.

– –

JULIE Bin ich jetzt glücklich, oder so was?

AUGUST Ich weiß nicht.

JULIE Ich bin vermutlich gerade glücklich, jetzt.

– –

Du musst mir jetzt was versprechen.

AUGUST Was denn?

JULIE Du musst versprechen, dass du niemandem erzählst davon.
Was wir tun werden, das darfst du nicht erzählen. Deinen Eltern
nicht, deinen Freunden nicht, deiner Freundin nicht, niemandem.
Wir gehen weg, und wir sagen niemandem wohin. Absolut niemandem.

AUGUST Nein.

JULIE Schwör's! Schwöre, dass du niemandem was sagst.

AUGUST Klar.

JULIE Sag: Ich schwöre, dass ich nichts sagen werde.

AUGUST Ich schwöre, dass ich nichts sagen werde.

JULIE Auf dass ich ewig im Leben schmore, wenn ich den Mund nicht halten kann.

AUGUST Auf dass ich ewig im Leben schmore, wenn ich den Mund nicht halten kann.

JULIE Lang lebe der Tod.

AUGUST Lang lebe der Tod.

JULIE Amen.

AUGUST Amen.

JULIE Wir brauchen ein Zelt.

AUGUST Ein Zelt?

JULIE Und was zu Essen.

AUGUST Essen?

JULIE Bier.

AUGUST Soll ich belegte Brötchen machen?

JULIE Und warme Kleider brauchen wir. Nachts ist's minus ich weiß nicht. Sehr wenig jedenfalls.

AUGUST Wohin gehen wir denn?

JULIE In den Schnee.

AUGUST Erfrieren?

JULIE Track me down. Wenn du auf meine Homepage kommst, wartest du 'ne Weile, ob dir niemand gefolgt ist. Dann hol ich dich ab. Smile! Leute.

AUGUST Smile.

Szenenwechsel zu »Wouldn't it be nice« von den BEACH BOYS.
Es ist Tag, es schneit ununterbrochen, und die Bühne bricht gegen hinten ins Nichts ab. Der Rand der Welt.
Mit schweren Rucksäcken beladen, kommen die beiden auf dem Plateau an. Sie bleiben lange stehen und betrachten das diffuse weiße Panorama.
Schließlich legen sie ihr Gepäck in den Schnee. August wagt sich ein Paar Schritte vor in Richtung Abgrund, rutscht aus, fällt hin und kommt wieder zurück.

AUGUST Das rutscht.

– –

   Ist schön hier.

JULIE Findest du?

AUGUST Dieser Fluss.

JULIE Das ist ein Fjord.

AUGUST Er ist riesig. Woher kommt all das Wasser?

– –

    Was?

JULIE Das ist ein Fjord. Das ist Meerwasser. Das ist das Meer.

AUGUST Trotzdem.

– –

    Ist was?

JULIE Was?

AUGUST Was ist?

– –

JULIE Was soll sein?

AUGUST Du sagst nichts.

– –

    Irgendwas ist.

JULIE Nein.

– –

AUGUST Ich sag, es ist schön hier, und du sagst nichts. Irgendwas ist.

JULIE Ach.

– –

AUGUST Du kannst mir doch sagen, was ist!

JULIE Es – ist – nichts.

AUGUST Hast du Angst oder so?

JULIE Was?

AUGUST Ich weiß nicht. Kann ja sein.

– –

    Wo führt der hin, der Fjord? Führt der irgendwohin?

– –

    Ich finde es schön hier.

– –

JULIE Kannst du nicht mal schweigen einfach ?

AUGUST Warum?

JULIE Weil du nichts sagst, die ganze Zeit.

AUGUST Ich sag: Es ist schön hier.

JULIE Das ist nichts. Das ist nichts.

AUGUST Ach.

– –

    Wie lange willst du denn schweigen?

22   norway.today

JULIE Ewig. Ich will e-wig schweigen.

AUGUST Jetzt schon?

JULIE Jetzt auch.

AUGUST Ewig?

JULIE Ja.

– –

AUGUST Ich glaube, dazu ist mir zu kalt.

– –

In der Kälte kannst du nicht ewig schweigen. Nicht lange jedenfalls.

– –

JULIE Du bist ein kleiner Witzbold eigentlich, was?

AUGUST Wie?

JULIE Warst du eigentlich der Klassenclown früher? August, der Komiker?

AUGUST Nein.

JULIE Dann holst du das jetzt nach, noch schnell?

– –

AUGUST Du bist richtig unangenehm.

JULIE Heißt du wirklich August? Wie heißt du wirklich?

AUGUST August.

JULIE Das ist nicht dein richtiger Name.

AUGUST Doch. Hab ich gekriegt. Zum Geburtstag.

JULIE Du hast dich im Chatroom August genannt, weil ich Julie heiße.

AUGUST Juli … Ist mir gar nicht aufgefallen. Nein, echt nicht. Superblöd. Juli. Ein bisschen kalt bist du, für Juli.

JULIE Ist ja gut. Jedenfalls glaub ich dir deinen Namen nicht. Nie.

– –

AUGUST Sag mal, warum wolltest du es eigentlich nicht alleine tun?

– –

Im Taxi hast du kein Wort gesagt. Und vorher auch nicht. Ich weiß nicht.

JULIE Ich – muss – nicht – immer – reden. Verstehst du das? Oder verstehst du das nicht?

AUGUST Doch, das versteh ich. Ich muss auch nicht immer reden. Bloß jetzt hab ich gerade Lust dazu. Ich hab das Gefühl, irgendwas ist. Warum sagst du mir nicht, was ist?

JULIE Was ist? Wir stehen hier am Rande des Abgrundes. Da ist der Abgrund. Da ist das Hinterland, da leben kleine Menschen und machen sich Gedanken. Da ist die Mitte. Da ist der Rand, dann kommt lange nichts, und dann kommt das Meer. Da sind Fische drin, und die haben Hunger. Das ist.

AUGUST Wenn du willst, können wir auch schweigen. Es gibt nichts Besseres, als mit jemandem zu schweigen. Außer alleine zu schweigen, vielleicht. Ich meine, ich hätte mich auch alleine umgebracht, aber was du gesagt hast, dass du nicht unter die Menschen passt, dass du nur mit dir alleine du selbst sein kannst, das hat mir gefallen. Genau so geht's mir auch.

JULIE Du hast keinem was gesagt, dass wir hier sind?

AUGUST Nein. Warum?

JULIE Ich will nur sicher sein.

AUGUST Weiß doch eh keiner, wo das ist hier. Ich hab gesagt: Ich geh zu einem Freund wohnen für zwei Tage. Mich suchen die erst übermorgen. Aber sicher nicht hier. Und du?

JULIE Mich sucht keiner.

AUGUST Ich weiß nicht. Ich kann mir gut vorstellen, dass dich einer sucht.

JULIE Was soll das denn?

AUGUST Na ja. Schau dich doch an. Ist doch nicht abwegig. Ich kann mir eigentlich absolut nicht vorstellen, dass dich keiner sucht. So was wie dich suchen doch ständig Tausende ... Zehntausende.

JULIE Suchen die, echt ...

AUGUST Nein, im Ernst. Millionen suchen so was. So was Trauriges, leicht Verdorbenes.

– –

Ich kann da fast nicht runterschauen.

JULIE Dann schau nicht hin.

AUGUST Ich glaub immer, ich spring gleich runter, an so einem Ort. Seit immer schon. Hast du das auch?

JULIE Ja.

AUGUST Aber so hoch war ich noch nie.

JULIE 600 Meter.

AUGUST Ich hab nachgeschaut im Netz. Die durchschnittliche Geschwindigkeit eines bekleideten Menschen in freiem Fall ist zwischen 190 und 205 km/h, das sind also ungefähr 55 Meter pro Se-

24   norway.today

kunde. Das macht dann ... 600 ... also zusammen mit der Beschleunigungsphase sind das etwa zehn Sekunden Fallzeit.

JULIE So ungefähr.

AUGUST Du hast dir das schon ausgerechnet, was? Was machst du in den zehn Sekunden?

JULIE Fallen.

AUGUST Ach.

JULIE Und tot sein.

AUGUST Das ist alles?

JULIE Zehn Sekunden tot sein. Ja. Ich lasse mich einfach gehen, und es gibt nichts mehr, alles ist da, aber es gibt nichts mehr. Es gibt kein einziges Ding, kein einziges Ereignis auf dieser Welt, nichts, was mich irgendetwas angeht. Du hast alles abgegeben, deine Trauer, deine Freude, deinen Hass, deine Liebe, deinen miesen Charakter, die Verantwortung für dein Altpapier. Einfach alles. Es lässt dich völlig kalt. Unser Kontinent produziert vierzig Millionen Tonnen Scheiße pro Tag, und es ist absolut nicht dein Problem. Jeder Gedanke ist überflüssig. Jede Tat unmöglich. Du hast alles hinter dir. Du hast keine Verpflichtungen, du brauchst nicht mal mehr zu atmen. Du bist absolut frei, nichts zu tun. Die absolute, unendliche Freiheit. Du bist Gott, und Gott tut nichts. Du nimmst alles wahr, für ein paar Sekunden, aber es gibt kein Zurück, kein Für und Wider.

– –

Und dann bist du weg.

AUGUST Und dein Gedächtnis. Was machst du mit deinem Gedächtnis? Du kannst doch nicht einfach alles vergessen.

JULIE Doch. Du musst mit allem abschließen, vorher.

AUGUST Abschließen.

JULIE Ja. Du musst dich auf den Moment konzentrieren.

AUGUST Den Moment, ja?

JULIE Außer du willst sterben, ohne es zu merken. Aber ein Leben lang auf einen Moment hinleben und ihn dann verpassen, das ist so ziemlich das Blödeste, was ich mir vorstellen kann.

AUGUST Ich hab immer gehofft, dass ich den kurzen Moment von Leben nicht verpasse, wenn er sich mal einstellt.

JULIE Das ist dasselbe.

August zählt auf 10.

AUGUST Ich dachte erst, beim Fallen würde ich nur eines denken: Das ist es. Das ist es. Das ist es. Das ist es. Das ist es. Ich dachte, das wird mein letzter Gedanken sein. »Das« und »ist« und »es«. Ein völlig leerer Gedanke. Er heißt überhaupt nichts. Er ist völlig leer und irgendwie passend. Aber bei zehn Sekunden fürchte ich, dass es nicht ausreichen wird, und kurz vor dem Aufprall werde ich noch schnell irgendwas Unnötiges und Unpassendes denken wie: »Du denkst ›das ist es‹, weil du es dir vorgenommen hast, und dabei hat dir dein Vater damals das Zitroneneis gekauft, im Lunapark, als du vier warst.« Bum.

JULIE Zitroneneis?

AUGUST Hab ich gerade erfunden.

JULIE Dein Vater hat dir kein Zitroneneis gekauft?

AUGUST Doch, weiß nicht. Doch, bestimmt. Ich werde bestimmt nicht während zehn Sekunden »Das ist es« denken. Nie. Jetzt werde ich bestimmt noch eine Zehntelsekunde an Zitroneneis verschwenden. Nicht mal die einmaligste und lebendigste Situation meines Lebens werde ich ohne Konzentrationsschwäche überstehen. Ich kann auf Dauer nichts ernst nehmen.

JULIE Wenn du nichts ernst nimmst, musst du ständig lügen.

AUGUST Ja. Alle lügen. Alles. Auch »das ist es« klingt wie eine Lüge, je länger ich darüber nachdenke. Also brauch ich mich auch auf nichts konzentrieren, länger. Das Einzige, was Bestand hat, ist Langeweile. Die kann ich ernst nehmen. Die Langeweile.

JULIE Ich kann keine Langeweile ausstehen.

AUGUST Ist aber ernst zu nehmen. Sie ist überall. Das ganze Universum langweilt sich zu Tode. Alles wird langsamer. Die DJs, die Musik, die Autos, die Planeten, die Elementarteilchen. Alles chillt. Der totale Chill-out. Eines Tages wird der Mond auf die Erde stürzen. Hab ich mal gehört. Wegen der Gravitation. Weil die Erde saugt und der Mond seinen Schwung verliert. Mein Vater hat auch schon keinen Schwung mehr. Er dreht sich um meine Mutter. Alles saugt. Das Universum saugt und zersetzt sich und wird gleichförmig und langweilig und kalt und tot. Chill-out. Das hab ich mal gelesen, irgendwo: »Der Big Bang war ein Schlag an die Stirn der Dummheit. Das Universum wurde aus der Erkenntnis der eigenen Unzulänglichkeit heraus geboren.« Hab ich mir gemerkt. Ich weiß nicht, was es heißt, wirklich, aber es trifft die Sache ziemlich gut.

Im Ton. Ich meine: Zehn Sekunden fallen ist zu lang, damit sie sich
nicht einstellt, die Langeweile. Auch wenn dich nichts mehr was
angeht, blitzen in deinem Hirn Erinnerungen auf, an irgendwelche
sinnlosen Dinge und Ereignisse. Und du erinnerst dich an einen
kühlen Nachmittag beim See und die Sonne auf dem Moos und den
Geruch im Ferienhaus und wie du Zahnschmerzen hattest und das
Kind mit den epileptischen Anfällen und dein Fahrrad im Keller
und die Rolltreppe, auf der du zum ersten Mal geküsst hast, und du
begreifst, wie blöd du warst, und verlogen und klein und mies, wie
du mit all dem und dem ganzen Rest nicht wirklich etwas angefangen hast, und es überkommt dich die längste aller Langeweilen. Ist
eine Ewigkeit, zehn Sekunden. Ich frag mich, ob wir nicht von weiter unten springen sollten.

JULIE Hast du eine Freundin?

AUGUST Nein.

JULIE Das wundert mich nicht.

AUGUST Im Ernst?

JULIE Ich krieg Depressionen, wenn ich dir länger zuhöre.

AUGUST Bist du denn nicht depressiv sowieso?

JULIE Nein.

AUGUST Nein?

JULIE Was?

AUGUST Du bist nicht depressiv?

JULIE Nein.

AUGUST Was bist du denn?

JULIE Normal. Ich bin glücklich.

AUGUST Du spielst mir da jetzt was vor oder so was?

JULIE Nein.

AUGUST Das versteh ich nicht.

JULIE Ich neige zum Glücklichsein.

AUGUST Ja. Schon. Das ist normal.

JULIE Sag ich doch.

AUGUST Ich meine, die Neigung ist normal. Aber nicht für Selbstmörder. Die neigen sich doch eher über Abgründe und so. Und
Angst und Entsetzen.

JULIE Ja.

AUGUST Versteh ich nicht.

JULIE Depressiv sein lohnt nicht. Es ist dumm, es bremst, und es ist nicht lustig. Es bringt überhaupt rein gar nichts. Absolut überhaupt nichts. Auch einem Selbstmörder bringt es überhaupt nichts. Depressive Selbstmörder sind Waschlappen.

AUGUST Aber, warum bringst du dich dann um?

JULIE Bist du völlig blöd oder was?

AUGUST Was denn?

JULIE Was löcherst du mich hier so? Ich hab dir doch gesagt, dass ich bedient bin. Ich bin bedient. Ich hab gehabt. Ich bin satt. Es reicht. Ich fang nicht nochmal von vorne an.

AUGUST Du musst ja nicht so schreien. Du weckst vielleicht irgendwelche Tiere aus dem Winterschlaf hier. Gibt's hier eigentlich Bären?

JULIE Ja.

AUGUST Scheiße …

– –

Du hast mir noch immer nicht gesagt, warum du's nicht alleine tun wolltest.

JULIE Weil … weil im Aufwand-Nutzen-Vergleich rechnet sich's nicht. Es muss sich lohnen. Ich will, dass sich mein Leben erfüllt, richtig bis zum Ende. Alleine leben ist pathetisch, alleine sterben auch. Ich will nicht jämmerlich in einer Ecke verkommen. Und dann, ich würde es vielleicht nie tun alleine.

AUGUST Wie meinst du das, lohnen?

JULIE Ich will was haben davon. Ich will wissen, wie einer ist, der gleich stirbt. Ich hab im Fernsehen gesehen, wie sie Leute erschießen, in Zeitlupe und so. Aber Fernsehen ist Fake. Und in Zeitlupe siehst du nicht mehr, du siehst bloß mehr, dass du nichts siehst.

AUGUST Du willst sehen, wie einer stirbt.

JULIE Ja.

AUGUST Also, wie ich sterbe.

JULIE Ja.

AUGUST Du bist völlig durchgeknallt. Nein, ich meine, das ist doch krank. Du bist ganz schön hinüber.

JULIE Ach.

AUGUST Nimmst du Drogen oder so was?

JULIE Du durchquerst halb Europa, um hier mit mir rumzustehen, in diesem Weiß. Und dir geht's gut, ja? Schau dich doch an. Findest du dich normal? Ich weiß wenigstens, was ich tue. Weißt du, was du tust? Wo du bist? Warum du bist, wo du bist?

28   norway.today

AUGUST Keine Ahnung.

JULIE Du bist am Rand des Abgrundes. Du bist am anderen Ende deines nichtgelebten Lebens angekommen, Junge.

– –

AUGUST Vielleicht bin ich ja gar nicht hier, um mich umzubringen, Mädchen.

JULIE Was weiß ich, warum du hier bist?

AUGUST Ja. Was weißt du, warum ich hier bin.

JULIE Du machst jetzt einen auf geheimnisvoll, ja?

AUGUST Was ist, wenn ich dir sage, dass ich's nicht tun werde? Einfach, weil ich es nie tun wollte? Weil ich bloß aus Neugier gekommen bin?

JULIE Weißt du, warum das nicht wahr ist? Weil du die Hose voll hast. Du hast gezittert, im Taxi eben gerade. Ich hab gedacht, du verrätst uns. Der Fahrer hat ständig runtergeschaut, auf deine Hände. Ich hab's gesehen. Du hast Angst.

AUGUST Mir war kalt. Mir ist noch immer kalt. Und seit ich hier mit dir rumstehe und dir zuhöre, ist mir noch kälter.

JULIE Du hast Angst.

AUGUST Ich kenne dich nicht. Ich weiß nicht, wer du bist, oder was.

JULIE Das ist ja wirklich egal. Ich unterscheide mich durch überhaupt rein gar nichts von allen anderen Mädchen, die du kennst. Du darfst in mich reinprojizieren, was du willst. Ich hab auch ein paar Schminksachen dabei, damit's dir leichter fällt.

AUGUST In dich reinprojizieren?

JULIE Ja. Stell dir vor, ich sei deine Mutter oder so was. Was weiß ich, was du für 'nen Knacks hast.

AUGUST Du bist völlig bescheuert. Was mach ich hier?

JULIE Du machst schlapp. Wir sind erst gerade angekommen. Das ist kein Picknick. Ich bezahl dir nicht deinen Flug, und du machst schlapp.

AUGUST Ich mach nicht schlapp, verdammt. Ich kenne dich nicht.

JULIE Das ist egal, wir wollen dasselbe. Wir wollen uns hier umbringen. Das zählt doch.

AUGUST Ich trau dir nicht. Ich glaub dir nichts. Ich verstehe dich nicht. Du bist nicht mal depressiv, verdammt. Warum willst du dich umbringen? Ich weiß nicht. Du sprichst nicht mit mir. Jedenfalls nicht ehrlich. Sind wir hier in irgendeiner Show oder so was? Warum sprichst du nicht normal mit mir? Warum verstellst du dich dauernd? Ich verstell mich doch auch nicht.

JULIE Wenn ich etwas falsch klinge gerade, dann, weil ich mich dazu zwinge zu reden, damit du bei Laune bleibst. Das ist, was ist.

AUGUST Ja, sagen wir doch, was ist. Find ich gut.

JULIE Weil du mich zwingst, dir irgendwelche Gesprächigkeit vorzuspielen.

AUGUST Moment. Du wolltest jemanden mitnehmen. Du wolltest nicht alleine hierher kommen. Du wolltest sehen, wie einer aussieht im Angesicht des Todes. Und da hast du's. So sieht einer aus, der sterben wird. Er redet eben. Scheiße.

JULIE Er redet Scheiße.

AUGUST Ja. Das auch. Vielleicht.

JULIE »Im Angesicht des Todes«. Woher nimmst du so was Blödes?
– –
        Heulst du jetzt los, oder was?

AUGUST Nein.

JULIE Du flennst.

AUGUST Nein.

JULIE Er flennt, Leute.

AUGUST Was für Leute?

JULIE Ist so 'n Ausdruck. »Er flennt, Leute.«

AUGUST Kenn ich nicht.

JULIE Na bitte. Kannst auf deine alten Tage noch was lernen.

AUGUST Was bedeutet er denn, der Ausdruck?

JULIE »Ich bin erstaunt, dass du flennst.«

AUGUST Ich flenne nicht.

JULIE Ich meine, dein Ausdruck …

AUGUST Mein Ausdruck?

JULIE »Er flennt, Leute.«

AUGUST Was redest du da? Ich schau mich nur um, verdammt. Ich flenne nicht. Ich schau nur auf den verdammten Fluss. Auf das Wasser. Und das Eis.

JULIE Und flennst.

AUGUST Na und? Ist doch kein Verbrechen, oder?

JULIE Nein.

AUGUST Nein.

JULIE Du hast aber behauptet, dass du nicht flennst.

AUGUST Weil, weil, Scheiße. Ich behaupte hier, was ich will. Ich bin hier niemandem Rechenschaft schuldig. Ich kann hier reden, was ich will. Wenn ich schon abtreten soll hier, dann kann ich mich auch benehmen, wie ich will. Ich kann hier die Sau rauslassen, wie ich will. Ich kann hier die Sau rauslassen, wie ich will, und mir auch sonst alle Erleichterung der Welt verschaffen und alles sagen, was ich noch nie gesagt habe, Scheiße.

JULIE Das hast du schon gesagt.

AUGUST Ich lach mich tot, echt.

JULIE Warte mal. Du hast gesagt, »wenn ich schon abtreten soll«.

AUGUST Ja. Und?

JULIE Das klingt merkwürdig.

AUGUST Ja?

JULIE Ja. Als ob du's nicht mehr wolltest.

AUGUST Was?

JULIE Abtreten.

AUGUST Ich will gar nichts mehr.

JULIE Moment mal. Abtreten, das musst du wollen.

AUGUST Ja. Scheiß drauf. Ich will auch nicht mehr wissen, was ich will. Dann will ich's eben.

JULIE War nur so ein Gefühl.

AUGUST Ich will auch kein Gefühl.

JULIE Wir haben eine Abmachung.

AUGUST Ja, ich weiß.

JULIE Ich muss nur sicher sein. Wir haben eine Abmachung.

AUGUST Ja.

JULIE Was ist unsere Abmachung?

AUGUST Es gibt kein Zurück.

JULIE Und wenn einer nicht mehr will?

AUGUST Ja, ich weiß …

JULIE Na also.

AUGUST Und ich sag hier trotzdem, was ich will. Und ich tue auch, was ich will. *August tut kurz mal, was er will.*

JULIE Was tust du?

AUGUST Ich tue, was ich will.

Julie wagt sich langsam zur Felskante vor.

JULIE Komm mal her.

AUGUST Wozu?

JULIE Komm mal her.

AUGUST Wozu?

JULIE Dir das anschauen.

AUGUST Ich will nichts sehen gerade.

JULIE Hast du Angst?

AUGUST Nein.

JULIE Dann komm her.

AUGUST Ich komm nicht her. Es rutscht. Dort, wo du bist, rutscht es.

JULIE Ist eine Mutprobe.

AUGUST Ich brauch keine Mutprobe jetzt.

JULIE Ich kann nicht runterschauen, wenn mich keiner hält, ver-
    dammt.

– –

Da geht's sehr weit runter, und ich hab keine Ahnung, was passiert,
wenn ich da runterschaue.

AUGUST Ich dachte, du warst schon mal da. Mit deinen Eltern.

JULIE Da war ich noch klein.

AUGUST Und da hast du nicht runtergeschaut?

JULIE Doch. Aber der Vater hat mich gehalten.

AUGUST Der ist jetzt nicht da.

JULIE Nein. Der ist jetzt nicht da.

– –

Was ist? Kommst du?
August wagt sich langsam vor und kriecht auf allen vieren zu Julie.
Sie kriechen in Richtung Kante.

AUGUST Aber kein Scheiß, okay?

JULIE Du brauchst ja nicht runterschauen. Halt mich fest, an den
    Füßen.

– –

AUGUST Kant! Kant heißt er.

JULIE Wer?

AUGUST Der Philosoph.

JULIE Welcher Philosoph?

AUGUST Der mit den Augen und den Ohren. Der gesagt hat, dass sie
    nichts taugen.

JULIE Du lenkst ab.

32 norway.today

Szenenwechsel.
Eine Felswand türmt sich vor uns auf. Weit oben der weiße Himmel.
Oben am Felsrand erscheint der Kopf von Julie.

AUGUST *off* Was ist? Was siehst du?

– –

    Sag schon. Was ist?

– –

    Wie sieht's aus?

JULIE Was denn?

AUGUST *off* Was du siehst.

JULIE Schau doch selber.

AUGUST *off* Was denn?

– –

    Kannst du nicht was sagen?

JULIE Weiß nicht.

AUGUST *off* Nein? Was siehst du?

JULIE Ich weiß nicht, was du hören willst. Ich sehe den Arsch von
    Neuseeland. Was meinst du, was ich sehe? Ich sehe nichts. Einen
    verdammten bodenlosen Abgrund seh ich.

AUGUST *off* Und ganz unten, was ist da?

JULIE Da unten ist's dunkel. Könnte irgendwas sein. Weiß nicht. Ver-
    mutlich die Hölle oder so.

AUGUST *off* Du meinst, du siehst den Boden nicht?

JULIE Nein. Da schaut was raus. Etwas weiter unten schaut was raus.
    Da müssen wir drüber weg. Wir müssen weit rausspringen.

AUGUST *off* Da schaut was raus?

JULIE Ja.

AUGUST *off* Wie weit raus denn?

JULIE Ein ganzes Stück. Da müssen wir drüber hinweg.

AUGUST *off* Und wenn wir da aufschlagen, das reicht nicht?

JULIE Weiß nicht. Nein. Vielleicht reißt's dir da nur was weg, und du
    fällst weiter. Und dein Arm hängt da und winkt dir noch ein wenig
    nach.

AUGUST *off* Und du siehst den Boden nicht?

JULIE Schau doch selbst.

AUGUST *off* Ich dreh durch. *Der Kopf von August erscheint.*

– –

norway.today 33

AUGUST Ich kann da nicht runterschauen.

JULIE Dann schau nicht runter.

AUGUST Mir dreht sich alles.

JULIE Dann schau weg.

AUGUST Scheiße.

JULIE Was?

AUGUST Warum tun wir das?

JULIE Irgendwas musst du doch tun.

AUGUST Ja.

– –

Meinst du, das haben hier schon andere gemacht? Vor uns?

JULIE Da kannst du Gift drauf nehmen.

AUGUST Warum meinst du?

JULIE Du glaubst doch nicht, dass wir da gerade was erfinden oder so?

AUGUST Nein.

JULIE Du kannst absolut sicher sein, dass das schon mal da war. So oder ein wenig anders, aber grundsätzlich ziemlich gleich.

AUGUST Ich meine in der Form. So zu zweit und so.

JULIE Zu zweit, alleine, wie die Lemminge. Gab's alles schon. Aber das ist doch jetzt völlig egal. Ich mach das für mich. Ich mach das hier nicht für die anderen. Ich mach hier keine Show oder so was.

AUGUST Nein.

JULIE Und ich hab das noch nie gemacht. Ich hab mich noch nie umgebracht.

AUGUST Nein.

JULIE Das zählt. Das ist absolut einmalig. Das hebt das Ganze über alles schon mal Dagewesene hinaus. Ich hab das noch nie gemacht. Und es wird langsam Zeit.

AUGUST Wie? Jetzt?

JULIE Ja.

AUGUST Moment, jetzt?

JULIE Ja.

AUGUST Aber …

JULIE Was?

AUGUST Aber ich …

JULIE Was?

AUGUST Du … ich … wir haben doch das ganze Zeug mit. Und das Essen und das Zelt und so.

34   norway.today

JULIE Ja, und?

AUGUST Ja, und ich dachte, wir schlafen erst nochmal drüber.

JULIE Wir schlafen drüber?

AUGUST Ja.

JULIE Du meinst, du wolltest dir das nochmal überlegen?

AUGUST Neinein … nein. Das wollte ich nicht.

JULIE Na also.

AUGUST Aber, also warte mal. Jetzt gleich, das ist doch … ich wollte noch was schreiben und …

JULIE Los.

AUGUST Moment.

JULIE Los, wir stehen auf. *Julie steht auf.* Los, mach schon.

AUGUST Nein. Moment. Ich kann nicht aufstehen. Ich fall gleich runter hier.

JULIE Das ist die Idee. Los.

AUGUST Warte. Warte. Das, lass mich.

JULIE Los, komm. Ich will das jetzt hinter mich bringen. Ich will jetzt da runter. Los.

AUGUST Moment. Ich will noch …

JULIE Was?

AUGUST Ich wollte …

JULIE Drüber schlafen, ja?

AUGUST Nein. Ja.

JULIE Schlafen kannst du, wenn du tot bist, noch genug. Los, wir springen!

AUGUST Nein!

JULIE Los!

AUGUST Lass mich!

Julie greift nach Augusts Hand. Es kommt zum Kampf. Die beiden ringen miteinander. Während des Kampfes fallen beide mehrere Male beinahe runter.

Lass das!

JULIE Feigling!

AUGUST Lass das! Du lässt mich jetzt los.

JULIE Nein.

AUGUST Lass los!

JULIE Wir haben eine Abmachung.

AUGUST Lass los, verdammt! Wir fallen runter.

JULIE Ja.

AUGUST Das war nicht so abgemacht!

JULIE Das war so abgemacht.

AUGUST Lass mich los!

JULIE Wenn du nicht springst, helf ich dir.

AUGUST Lass los!

JULIE Nein.

AUGUST Wenn ich da runterfalle, hängst du für Mord.

JULIE Ich spring dir nach, du Depp.

AUGUST Ich will nicht.

JULIE Was?

AUGUST Ich will nicht!

JULIE Du kommst mit …

AUGUST Wenn du nicht aufhörst …

JULIE Was? Was?

AUGUST Ich bring dich um, verdammt.

JULIE Super! *Julie stolpert und fällt. Sie kann sich gerade noch mit einer Hand an der überhängenden Felskante festhalten. Sie baumelt über dem Abgrund.* Ich komm nicht hoch. Hilf mir.

AUGUST *off* Du bist … du bist voll krank! Ich hätte da runterfallen können!

JULIE Ja, und? War doch lustig. Hilf mir hoch!

AUGUST *off* Warte mal. Ich hab ein Lied für dich dabei!

JULIE Hilf mir. Verdammt. Ich … es tut mir Leid. Ich war blöd eben.

AUGUST *off* Moment, kommt gleich!

JULIE Ich hab nur Spaß gemacht. Ich hätte dich nie da runtergeworfen. Echt. Hilf mir, verdammt. Stell dir vor, ich fall da runter, verdammt. Was machst du dann? Ich kann mich nicht mehr halten. Hilfe! Verdammt.

August kommt mit einem Ghettoblaster wieder vor und versucht, ihn anzumachen.

AUGUST Hör mal. Kennst du das? Ist 'ne Scheibe von meinem Bruder.

JULIE Hilf mir hoch, du Freak

AUGUST Sch! Warte. Wie geht das Ding los?

JULIE Wenn du mir nicht hochhilfst, fall ich runter.

AUGUST Und?

JULIE Und … du hast mich auf dem Gewissen. Das willst du nicht.

36   norway.today

AUGUST Geht nicht, das Ding.

JULIE Hilfe!

AUGUST Wie lange sind wir eigentlich gefahren, mit dem Taxi?

JULIE Hilf mir.

AUGUST Meinst du, es kann uns jemand hören?

JULIE Nein.

AUGUST Nein. Es kann uns niemand hören. Vierzig Kilometer weit hört niemand.

JULIE Hilf mir hoch.

AUGUST Du könntest hier rumschreien, wie du wolltest, es würde dich niemand hören.

JULIE Genau.

AUGUST Mach mal.

JULIE Was?

AUGUST Schrei mal.

JULIE Hilf mir.

AUGUST Lauter.

JULIE Schrei doch selber, du Freak.

AUGUST Ich hab gerade keinen Grund dafür.

JULIE Ich hab auch keinen Grund.

AUGUST Nein?

JULIE Nein.

AUGUST Ich würde mich ein wenig fürchten an deiner Stelle.

JULIE Warum.

AUGUST Weil du mich nicht kennst.

JULIE Ja und?

AUGUST Und weil du nicht weißt, wer ich bin. Ich bin vielleicht völlig übergeschnappt. Warte, das Lied geht etwa so: Tumtumtum, tumtum, tumtumtum, tumtum …

JULIE Huh. Böser, böser Onkel.

AUGUST Sag mir, was ich davon habe, wenn ich dich nicht fallen lasse. Was hab ich davon, wenn ich es nicht tue?

JULIE Weiß nicht. Zieh mich hoch. Ich kann nicht mehr.

AUGUST Was hab ich davon?

JULIE Hilf mir hoch, verdammt!

AUGUST Was hab ich davon?

JULIE Was du willst.

AUGUST Was ich will?

JULIE Ja.

AUGUST Und wenn ich nichts will?

JULIE Wenn du nichts willst, kriegst du nichts. Zieh schon.

August zieht Julie hoch. Sie setzen sich erschöpft auf die Felskante.

AUGUST Du wolltest mich umbringen.

– –

Stimmt doch.

JULIE Du hast einen Knall, hast du.

AUGUST Du wolltest mich da runterfallen sehen.

Sie schauen beide in den Abgrund. Julie greift langsam nach Augusts Hand.

JULIE Ich wollte …

AUGUST Fick dich …

JULIE Fick dich selber.

AUGUST Fuck you, echt.

JULIE Was du nicht sagst.

AUGUST Du wolltest mich verdammt umbringen, da.

JULIE Abgefahren, das.

AUGUST Mindestens umbringen wolltest du mich.

JULIE Zum Totlachen.

AUGUST Ich krieg bestimmt Pickel. Von so 'nem Schock.

JULIE Pickel? Du denkst an Pickel, gerade?

AUGUST Ja.

JULIE Das ist unglaublich.

AUGUST Ich kann nichts dafür. Ich denke immer nur Blödsinn.

JULIE Er denkt an Pickel.

AUGUST Zu wem sprichst du?

Julie steht auf.

JULIE Wir sollten das Zelt aufbauen. Es wird dunkel. Bald. Eine halbe Stunde noch, dann ist wieder dunkel hier. Ist immer dunkel hier, im Winter.

Szenenwechsel.
Gleiches Bild wie zuvor. Es ist aber dunkel. Vor uns ein schwach beleuchtetes Zelt. Davor steht August und blickt in den Himmel.

AUGUST Da war eben was am Himmel.

JULIE *off* Was?

38   norway.today

AUGUST Da war so ein Licht. Am Himmel.
   Julie kommt aus dem Zelt.
JULIE Wo denn?
AUGUST Überall. Es war richtig hell. Ganz kurz.
JULIE Ein Licht?
AUGUST Ja.
JULIE Überall?
AUGUST Ja.
JULIE Eine Art Erleuchtung?
AUGUST Ja. Ich weiß nicht. Ich war so dagestanden, und dann schau
   ich hoch, ob ich Sterne sehe. Und da hab ich's gesehen. Plötzlich.
JULIE Und?
AUGUST Was und? Es war unheimlich.
JULIE Was hat es dir gesagt, das Licht?
AUGUST Du bist so was von blöd.
JULIE Im Ernst?
AUGUST Ja. Es war riesig.

– –

JULIE Ja, dann. Mir ist kalt. *Verschwindet wieder im Zelt.*
   Ein großer Lichtschleier flackert über den Nachthimmel.
AUGUST Da! Da! Da ist es wieder! Es ist riesig! Siehst du's? Da.
   Julie kommt raus.
JULIE Ein Polarlicht! Das ist ein Polarlicht! … Die Kamera! *Julie zu-*
   rück ins Zelt. Sie kommt mit einer Videokamera wieder heraus und
   filmt die magische Erscheinung.
   Moment! Ich hab's. Ich hab's. Ein Polarlicht …
AUGUST Hast du das schon mal gesehen? So was?
JULIE Nein. Nie.
AUGUST Du bist doch hier aufgewachsen, in der Nähe.
JULIE Du kriegst hier alle fünfzig Jahre mal ein Polarlicht zu sehen.
   Also nie, eigentlich.
AUGUST Das ist selten.
JULIE Ist nicht der Ort für Polarlichter. Ich kenne niemanden, der
   schon eins gesehen hätte hier. Ist zu weit südlich.
   Das Licht verblasst wieder.
AUGUST Es ist weg.
   Julie schwenkt hinüber auf August.
JULIE Sag was.

AUGUST Wie groß ist ein Polarlicht?

– –

Lass das. Ich meine, wie groß ist es? Es sieht so groß aus. Aber
wenn es so groß ist, wie es aussieht, das Licht, dann müsste es doch
von überall her gesehen werden können. Warum sieht keiner Polarlichter? Du kennst keinen, der je ein Polarlicht gesehen hat, und ich
auch nicht. Ich meine, die halbe Welt kann den Mond sehen, gleichzeitig. Und wenn das Polarlicht so groß ist, wie's aussieht, dann
müsste es auch die halbe Welt sehen. Oder etwas weniger. Aber
doch ziemlich viele Leute. Nein?
Julie macht die Kamera aus.

JULIE Du bist süß.

AUGUST Zeig mal. Zeig mal, ob was drauf ist. Vielleicht kann man so
ein Licht gar nicht filmen! *August spult die Kassette zurück.*
Vielleicht sind Polarlichter ganz klein. So 'ne Art Halluzination,
über die du dann mit niemandem sprechen kannst. Vielleicht flim-
mern die nur vor unseren Gesichtern rum. Wie so 'ne Art Heim-
video. Für den Privatgebrauch.
*August lässt die Kassette laufen. Während die beiden auf den klei-
nen Kontrollmonitor schauen, geht am Himmel hinter ihnen das
gleiche Spektakel nochmal ab.*
Da ist es!

JULIE So klein wirkt's irgendwie nicht.

AUGUST Ist trotzdem nicht dasselbe, auf Video.

JULIE Sieht aus wie 'ne Störung. Irgendwie außerirdisch.

AUGUST Es ist ungefähr das Schönste, was ich gesehen habe, seit langem. Stell dir vor, wir wären irgendwelche Höhlenmenschen.

JULIE Wir hätten jetzt total die Hosen voll, dass irgendwelche Götter
uns an den Kragen wollen.

AUGUST Ja. Hatten die Hosen, die Höhlenmenschen?

JULIE Weiß nicht. Kragen hatten die bestimmt.

AUGUST Ich weiß nicht. Und meinst du, die hatten Götter?

JULIE Klar. Polarlichter eben. Alle fünfzig Jahre kam so ein Gott in
Form eines Polarlichtes vorbei und winkte denen ein wenig zu. Und
davon haben die dann fünfzig Jahre gezehrt.

AUGUST In der Höhle drin.

JULIE Ja.

Das Bild hinter Julie und August schwenkt vom Polarlicht in Rich-

*tung August. Wir sehen August nochmal die Worte sagen: »Wie
groß ist ein Polarlicht?«*
Wie groß ist ein Polarlicht. Super.
AUGUST Ich seh ja völlig blöd aus. Völlig fake.
Kamera aus. Nachthimmel.
JULIE Ich war unmöglich zu dir.
AUGUST Was?
JULIE Es tut mir Leid. Ich war unmöglich zu dir, heute. Du darfst
nicht glauben, was ich sage, besonders wenn ich kurz davor bin,
mich umzubringen. In so einem Moment ist niemand ehrlich.
AUGUST Nein?
JULIE Nein. Ich mag dich. *Julie küsst August zärtlich auf die Schläfe.*
AUGUST Warum hast du das getan?
JULIE Mir war gerade so.
AUGUST Du hast aber weiche Lippen.
JULIE Weißt du … du kannst mir vertrauen.
AUGUST Ich mag dich auch.
*Julie nimmt August die Kamera weg und filmt ihn. Wir sehen die
Nahaufnahme von August in der Projektion.*
JULIE Sag das nochmal.
AUGUST Was?
JULIE Was du eben gesagt hast, sag das nochmal.
AUGUST Das geht nicht.
JULIE Du hast was anderes gesagt, eben.
AUGUST Ich kann das nicht nochmal sagen.
JULIE Nie mehr?
AUGUST Gib her. *August nimmt die Kamera und filmt Julie.*
JULIE Hör mal: Wir haben nicht mehr lange Zeit. Wir haben noch
ungefähr vier belegte Brötchen und zehn Dosen Bier. Jedenfalls,
die Musik und die Zigaretten reichen eh nicht bis in den Frühling.
Und bald ist morgen. Und morgen ist vorbei. Das sollte uns jetzt
mal klar werden, hier. Es ist also alles egal. Du kannst total unangenehm auffallen, es ist egal, du brauchst dich wirklich nicht zurückzuhalten, ja? Das erwartet hier keiner mehr. Du kannst total die Sau
rauslassen. Du kannst dir vor diesem ganzen Panorama hier einen
runterholen, und es ist egal. Du kannst alle Sätze der Welt sagen.
Du kannst tun, was du willst. Du kannst Worte wiederholen oder
auch nicht. Du kannst dich auf den Kopf stellen. Und darum, wenn

ich dich bitte, ich meine, wenn ich dich um irgendwas bitte, irgendwas Harmloses, dann tu's verdammt nochmal, oder ich dreh durch.
Oder wenn du irgendwie sonst eine Idee hast, was zu tun, dann tu's
auch. Weil es macht Spaß, was zu tun. Es macht viel mehr Spaß, als
wenn du's nicht tust. Denken ist out. Denken kannst du, wenn du
Zeit hast. Und wir haben keine Zeit. Abgemacht?

AUGUST Abgemacht.

JULIE Ich meine, Zeit haben wir später noch ewig zum Denken.

AUGUST Ja?

JULIE Ja. Wenn das, was in uns denkt, der Geist ist, und der Geist ist
ewig, wie alle behaupten, dann haben wir logischerweise ewig Zeit
zum Denken. Aber nur sehr wenig Zeit, um was zu tun im Ver-
gleich. Also, und wenn du mich um was bittest, tue ich's auch.

– –

Ich mag dich. Weißt du?

AUGUST Ja. Ich mag dich auch.

JULIE Moment, gib her. *Julie nimmt die Kamera und filmt August.*
Was hast du gerade gesagt?

AUGUST Weiß nicht.

JULIE Haben wir was abgemacht, gerade eben?

AUGUST Ja.

JULIE Und?

AUGUST Was?

JULIE Und hast du was gesagt, eben? Los! Sag schon.

AUGUST Ich hab keine Lust, auf Befehl was zu sagen.

JULIE Gut. Dann sag was anderes. Was Neues. Schnell. Wir üben das
jetzt hier. Komm, locker bleiben. Denken ist out. Sag irgendwas!
Emotionen, los! Vertrau deinem Instinkt. Wenn du nicht in drei Sekunden was Emotionales gesagt hast, spring ich. Eins, zwei, drei.

AUGUST Heil Hitler!

– –

JULIE Bist du blöd, oder was?

AUGUST Was denn?

JULIE Das war ja superblöd, jetzt hier, gerade.

AUGUST Kam eben so aus mir raus. Du hast mich gestresst.

JULIE Das war eben echt daneben jetzt. Ist ja superpeinlich.

AUGUST Hört doch niemand hier. Du hast gesagt: egal was.

JULIE Aber nicht so was.

42   norway.today

AUGUST Immerhin hab ich dir das Leben gerettet.

JULIE Was Intelligenteres hast du nicht auf Lager?

– –

AUGUST Warum hast du eigentlich eine Kamera mitgenommen?

JULIE Einfach so eben. Weil ich wollte, damit die sich das, damit was bleibt … Jetzt ist sie da, und jetzt ist sie da.

AUGUST Ich möchte mit dir schlafen.

JULIE Warum sagst du das?

AUGUST Weil du sagst, ich soll sagen, was ich will.

JULIE Hast du 'nen Gummi?

AUGUST Nein.

JULIE Er hat keinen Gummi.

AUGUST Wozu denn?

JULIE Mama, er hat keinen Gummi und will mit mir schlafen, darf er das? Neineinein. Nein, ich lass mir kein Kind machen, ich spring nachher gleich da runter. Keine Angst. Ne Krankheit? Nein, die nehm ich gleich mit, das überlebt die nicht.

– –

Was denn?

AUGUST Nichts.

JULIE Ist das ein Problem irgendwie?

AUGUST Wie?

JULIE Dass ich Witze mache?

AUGUST Nein.

JULIE Ja … Dann geh ich jetzt mal ins Zelt und mach mich frisch.

AUGUST Ja.

JULIE »Ja …«

AUGUST Ja.

Sie verschwinden mit der Kamera im schwach beleuchteten Zelt und schließen es hinter sich ab. Wir hören ihre Stimmen verstärkt.

JULIE *off* Du zitterst.

AUGUST *off* Mir ist kalt.

JULIE *off* So wie du zitterst, wird das nichts. Mach das mal aus da. Gib mal her. Mach das aus. Ist es aus?

Im Videobild sehen wir August und Julie im Zelt. Das Bild flackert. Julie scheint die Kamera zu nehmen und wegzustellen. Das Bild geht kurz weg und kommt wieder. Wir sehen was undefiniert Buntes, irgendein Kleidungsstück in Nahaufnahme vielleicht.

Wir müssen atmen. Atmest du?

AUGUST *off* Hast du einen Angebeteten?

JULIE *off* Einen Angebeteten?

AUGUST *off* Einen Freund.

JULIE *off* Du bist süß. Frag was anderes.

AUGUST *off* Was ist, hast du einen?

Das Bild bewegt sich ruckartig. Plötzlich sind beide im Bild.

JULIE Frag mich lieber, wie ich's mag.

AUGUST Wie magst du's denn?

JULIE Im Handstand auf einem Pferd.

AUGUST Und wie mag er's?

JULIE Also, wenn du's lieber mit ihm machen willst, dann bist du hier falsch.

AUGUST Mit wem?

JULIE Was weiß ich? Du fragst doch ständig nach irgend so 'nem Typen.

AUGUST Wollt ich eben mal hören.

JULIE Du bist aber nicht eifersüchtig oder so?

AUGUST Nein.

JULIE Weil da hört bei mir gleich alles auf. Das ist das Letzte. Was ich als Letztes bräuchte, ist, in einem Zelt am Rande einer Klippe sitzen und mir eine Eifersuchtsszene anhören. Du atmest zu flach. So wird das nie warm hier. Was ist?

AUGUST Wie, was ist?

JULIE Du zitterst immer noch.

AUGUST Es ist kalt.

JULIE Komm her.

August setzt sich näher an Julie heran.

Du zitterst.

AUGUST Du auch.

JULIE Halt mich fest.

– –

Glaubst du, das Ende der Welt kommt in der Nacht?

AUGUST Nee. Im Morgengrauen.

JULIE Du kennst den Film also doch?

AUGUST Welchen Film?

JULIE »Denn sie wissen nicht, was sie tun«.

AUGUST Nein.

JULIE Da gibt's eine Szene, kurz vor dem Ende, da fragt Plato, also

44   norway.today

der heißt so, der ist viel jünger als die beiden anderen, also wie ein wenig deren Kind, ja? Die sind ein wenig seine Eltern, das Liebespaar, und er fragt den Typen, der wird von James Dean gespielt, den fragt er, ob das Ende der Welt in der Nacht kommt.

AUGUST Ja und?

JULIE Und James Dean sagt: »Nein. Im Morgengrauen.«

AUGUST Ist ein Genie, der Typ.

JULIE Das stand so im Drehbuch.

AUGUST Sag ich doch.

JULIE Welcher Typ?

AUGUST Der Typ, der das Buch geschrieben hat.

JULIE Vielleicht hat der das irgendwo geklaut, so wie du das eben von ihm geklaut hast.

AUGUST Ich hab das nicht geklaut.

JULIE Du hast den Film gesehen.

AUGUST Ja.

JULIE Und du weißt auch, wer Natalie Wood ist?

AUGUST Ja.

JULIE Du hast nur so getan, als wüsstest du's nicht?

AUGUST Ja.

JULIE Und ich hab dir das geglaubt?

AUGUST Vielleicht hast du auch nur so getan?

JULIE Kann sein.

AUGUST Kann sein.

– –

Sie küssen sich kurz.

JULIE Ja. Sag mal. Aber dass wir das jetzt so durchziehen, mit nackt rummachen und so, das hast du dir aber auch nicht so vorgestellt …

AUGUST Vorgestellt schon.

JULIE Ja. Aber tun müssen wir's nicht, oder?

AUGUST Nee. Nicht unbedingt. Wir könnten es uns auch nur etwas genauer vorstellen.

JULIE Ja. Das könnten wir.

AUGUST Also ich würde dir jetzt eigentlich als Nächstes vermutlich unter die Jacke wollen.

JULIE Und ich würde meine Hand dahin tun. So, auf die Innenseite von deinem Oberschenkel.

AUGUST Du würdest also ziemlich rangehen gleich.

JULIE Ja.

AUGUST Das würde mich ziemlich irritieren.

JULIE Irritieren?

AUGUST Ja, oder wie sagt man?

JULIE Weiß nicht. Sag ich nie so was.

AUGUST Erregen.

JULIE Ja? Wenn ich meine Hand dahin tue?

AUGUST Ja, schon. Ich würde also vermutlich mit meiner Hand, mit der ich mich nicht aufstütze, mit der würde ich deine Haare berühren, und dann deinen Hals.

JULIE Ich würde dann mit meiner Hand so hin und her machen vermutlich.

AUGUST Und dann würde ich schon versuchen, mit der Hand so in Richtung Büstenhalter weiterzukommen, ohne dass es auffällt groß.

JULIE Wie denn?

AUGUST Na ja. So an der Seite entlang. Da würde dann mein Handgelenk vermutlich deine Brust streifen beim Runterfahren.

JULIE Ja vermutlich. Ich würde vermutlich in dem Moment von deinem Oberschenkel ablassen und dir mit der Hand ans Gesicht fassen, um dich zu streicheln.

AUGUST Das würde mich vermutlich ermutigen. Ich würde dann etwas um deine Hüfte herum, mit der Hand, und dich am Rücken berühren.

JULIE Da würd ich dich dann am Hals küssen.

AUGUST Und ich würde nichts sagen die ganze Zeit. Aber zittern würde ich.

JULIE Ja. Ich auch.

AUGUST Ich wäre total aufgeregt, weil jetzt tun wir's dann gleich …

JULIE Ich würde riechen, wie du riechst. Und dann müsste ich dich wieder anschauen. Und ich würde denken, dass du verdammt gut ausschaust.

AUGUST Nein, Moment, das denke ich. Das würde ich denken. *August kommt aus dem Zelt, während auf dem Videobild noch immer die beiden im Zelt zu sehen sind. August spricht zu sich und zum Publikum hin.*
Ich würde denken, was macht die mit mir in diesem Zelt, diese Superkatze? Sie ist so schön und irgendwie auch sonst klasse. Und

ich bin doch nur ich. Die ist merkwürdig, dass sie mit mir rummacht. Vielleicht ist sie verrückt. Also ich wäre plötzlich ganz nahe dran, allen Respekt zu verlieren. Das ist irgendein abgefahrener Irrtum. Da ist irgendein Haken. Eine Verwechslung. Sie glaubt, ich sei nicht ich, was ich aber bin. Das darf ich der nicht sagen, sonst geht mir die Nummer noch flöten.

Julie kommt auch aus dem Zelt raus, während das Bild hinten weiterläuft, als wär nichts. Sie stellt sich neben August hin. Auch sie blickt im Folgenden ins Publikum.

Ich muss jetzt ganz behutsam so tun, als wär das ganz natürlich, dass sich eine Frau wie sie für mich interessiert. In einem Zelt. Als würde mir das immer wieder mal passieren. Und während ich mir das so sage, fahre ich dir mit der Hand über die Brust und küsse dich, so ungefähr wie das irgendein Macker in einem Film macht, weil ich möglichst cool wirken muss gerade und weil mir nicht einfällt, wie das ist, wenn man sich in so einer Situation natürlich verhält.

JULIE Also vermutlich fährt man mit Händen über Brüste und so …

AUGUST Ja.

JULIE Ja.

AUGUST Ja. Und ich würde dich also küssen, ganz lange und kunstvoll, und würde mir sagen, die hat weiche Lippen.

JULIE Und ich würde hoffen, dass der Kuss nicht vorbeigeht, und alles, was ich bisher war, würde anfangen in mir zu bröckeln und zu zerfallen, und es gäbe immer mehr Platz für dich, in mir. Und ich würde dich nicht reinlassen wollen, noch nicht, weil ich mich schäme, für die Unordnung, die in mir ist, da ist ja noch so vieles unklar, aber der Kuss würde immer länger dauern, und ich würde eigentlich teilweise schon nicht mehr wissen, wer ich bin, sozusagen, so fest würde ich rummachen mit der Zunge, dass ich einen Moment lang glaube, dass es gut ist, dass es vorbei ist, und dass wir überleben werden, weißt du? Alles überleben.

Etwas am Videobild hinter ihnen scheint nicht mehr mit der Realität in einem Zelt übereinstimmen zu können. Die Bilder, welche Julie hervorruft, verwirklichen sich allmählich vor unseren Augen. Im Folgenden entsteht eine Art »Dialog« zwischen Leinwand und Bühne, die beiden Räume scheinen ineinander zu fließen.

Dass das Sterben aufgehört hat und dass wir an einem Ort sind, der uns gehört, zu Hause, unter der Decke, und dass es möglich ist, zu Hause zu sein, und das Sterben ist vorbei, und wir können rausgehen, und draußen ist alles normal, und das Sterben ist vorbei, verstehst du? Es strebt nichts mehr dem Tod entgegen, alles i s t nur noch, und in Gedanken würde ich rausgehen auf die Straße, und der Kuss würde so lange dauern, bis ich auf der Straße wäre, und es wäre Nacht, und ich würde dich mitnehmen und durch die Straßen laufen, und wir würden ein Taxi anhalten und einsteigen, und dann würde ich mich wieder an deinem Oberschenkel festhalten, weil sich der so fest anfühlt.

AUGUST Und auch sonst wäre natürlich inzwischen einiges los.

JULIE Schau, die Lichter. Die Lichter der Stadt.

Lichter rasen vorbei.

AUGUST Ja.

JULIE Wir würden uns am liebsten im Taxi lieben, in der Öffentlichkeit, weil wir uns da kennen gelernt haben, damals.

AUGUST Ja, aber diesmal nicht. Ich würde beginnen, dich auszuziehen. Also erst mal die Jacke und das Hemd.

JULIE Und ich würde dir dabei helfen, damit's schneller geht. Und ich würde wie blöd an deinem Hemd rumzerren, damit das auch weggeht. Und dann würden wir so daliegen nebeneinander, und ich würde selbstverständlich sagen: Mir ist kalt.

AUGUST Und ich würde mich auf dich legen, so halb seitlich, und deine Haut wäre tatsächlich ganz kalt, und meine auch, aber zusammen wär's dann doch warm, irgendwie. Und ich würde dich noch mehr küssen. Und meine Hand, die eine freie Hand (weil die andere wäre unter dir eingeklemmt, aber ich würde so tun, als macht das nichts), also mit der anderen würde ich an deinem Oberschenkel rummachen, so wie du bei mir, weil ich wüsste, das mag sie, das hat sie bei mir auch gemacht, und es war gut.

JULIE Und ich würde ganz langsam die Beine auseinander machen, damit du weißt, dass das okay ist, wenn du mit der Hand noch ein wenig höher gehst. Weil so lange kennen wir uns ja noch nicht.

AUGUST Ja. Und ich würde mit der Hand höher gehen. Aber durch die Jeans ist das Gefühl irgendwie nicht, deshalb würde ich oben einfach weiterküssen wie wild, bis ich unten die Hose aufkriegen täte.

JULIE Und ich würde mich von dir wegdrehen, um mich ganz auszuziehen. Und ich würde mich ganz ausziehen. Und du würdest mich

48   norway.today

umarmen, und wir würden uns wärmen. Wir würden wie zwei kleine Kaffeelöffel da liegen und uns festhalten. Und ich würde die
Zeltplane anschauen, und die Zeltplane würde wehen, und wir wären in der Wüste, zwei Beduinen, und ich würde deine Brust an
meinem Rücken spüren. Hast du Haare?

AUGUST Wie?

JULIE Auf der Brust?

AUGUST Nee.

JULIE Gut.

AUGUST Ich würde dich halten und würde mit der Hüfte hin und her
machen und auch versuchen, mich zu halten, bei der ganzen Aufregung.

JULIE Und irgendwann würde ich nachgeben der ganzen Lust, die
sich da breitmacht. Und ich würde hochgehen auf alle viere und
schreien: »Nimm mich, los nimm mich, nimm mich« …

AUGUST Im Ernst?

JULIE Warum nicht.

AUGUST Na ja. Und ich würde mir sagen, die ist ja voll abgefahren,
die Katze, und ich würde … also ich würde es tun.

JULIE Wie denn?

AUGUST Ich würde eben … dich … ich würde, na ja.

JULIE Du würdest mich an den Hüften halten.

AUGUST Ja. Mit der einen Hand. Mit der anderen würde ich deinen
Rücken rauf und runter fahren.

JULIE Und ich würde dich suchen, ich würde meinen Hintern an dich
pressen, und ich würde fühlen, wie du in mich eindringst. Erst langsam und dann immer heftiger. Und mein Atem würde mit jedem
Stoß schneller werden.

– –

AUGUST Ich würde dich lieben.

JULIE Du meinst ficken. Wir würden uns das Hirn aus dem Schädel
ficken.

AUGUST Nein, ich würde dich lieben.

JULIE Du meinst irgendwie langweilig ficken?

AUGUST Nein.

JULIE Du meinst, du wärst verliebt dann.

AUGUST Ja.

JULIE Mit allem Drum und Dran, und würdest mir Koseworte sagen?

AUGUST Ja.

JULIE Wie würdest du mich nennen?

AUGUST Frosch.

JULIE Frosch.

AUGUST Ja, weiß nicht. Nee, Katze. Vermutlich.

JULIE Katze, ja? Du hast's mit Tieren, ja?

AUGUST Oder Baby eben.

JULIE Klar, oder Babys ...

AUGUST Was denn?

JULIE Ich bin glücklich.

AUGUST Ich auch.

JULIE Morgen werden wir sterben.

AUGUST Ja.

JULIE Ich bin so glücklich.

AUGUST Ich auch.

JULIE Los komm.

Julie nimmt August bei der Hand. Sie verschwinden wieder im Zelt.

JULIE *off* Mach mal Musik! Mach mal Musik da! Was war das, was du mir vorspielen wolltest eben? Was war das, was du mir vorspielen wolltest? Zeig her. *Julie lässt die CD laufen.*

AUGUST *off* Nee, weiter. Weiter vor. Die vier. Da.

»Death of an Angel« von den KINGSMEN.

Die Orgel. Super. Die waren völlig hinüber. Hörst du? Ist historische Musik, das. Das ist Trash. Die nannten das Trash. Die waren Punks, zwanzig Jahre vor den Punks. Echte Punks. Ich meine, die Punks, die haben das denen nachgemacht. Die ganze No-Future-Sache ist total fake. Echt. Ich meine, vielleicht ist Trash auch fake. Aber das ist egal. Hör mal: Das Stück ist perfekt. Da hatten die 'ne Erleuchtung. Total. Die haben ein Nordlicht gesehen, und dann, als es weg war, hatten sie den Song: »My baby's gone, and left me here to stay«.

JULIE *off* Interessant ...

Szenenwechsel.
Gleiches Bild wie zuvor. Morgengrauen. August kriecht aus dem Zelt. Er hat die Kamera dabei und geht auf den Abgrund zu. Er bleibt stehen. Dann filmt er das Panorama, macht dann einen langsamen Schwenk in den Abgrund, schließlich zoomt er hinunter. Dann macht

50 norway.today

er die Kamera aus. Julie kommt auch aus dem Zelt und bleibt neben August stehen. Sie wirkt etwas übernächtigt und ist angezogen, als ging's zu einer Party. Sie trägt ein elegantes Kleid und Schuhe mit hohen Absätzen.

JULIE Ist irgendwie ein schwarzer Tag heute.

AUGUST Heute Morgen, beim Dahindösen, da habe ich geträumt, dass ich mich am Rande des Ursprungs befinde, dass ich am Abgrund stehe, da, wo alles angefangen hat, und dass ich bei der Erschaffung des Chaos zuschaue.

– –

JULIE Los, bringen wir's zu Ende.

AUGUST Du zuerst. *August macht ein paar Schritte vom Abgrund weg und richtet die Kamera auf Julie.*

JULIE Warte. Bist du schon auf Aufnahme?

AUGUST Ja.

JULIE Nee. Warte. Mach das nochmal weg.

August spult zurück.

AUGUST Okay.

JULIE Hallo Mutter, hallo Vater … Scheiße. Das war nichts, mach das nochmal weg.

AUGUST Okay.

Kamera läuft.

JULIE Bereit? Hallo Mutter, hallo Vater, hallo Oma, hallo Rune. Wie ihr seht, bin ich hier an diesem Ort, wo … was denn?

AUGUST Willst du das »bereit« mit drauf haben?

JULIE Natürlich nicht.

AUGUST Dann nochmal. Warte.

JULIE Du fängst erst an, nachdem ich okay sage. Okay? – Okay. … Hallo Mutter, hallo Vater, hallo Oma, hallo Rune. Ja … wie ihr seht, bin ich hier an diesem Ort, wo wir mal zusammen waren, als ich noch klein war, und du, Vater, hast mich da an den Füßen gehalten, damit ich runterschauen konnte, in den Abgrund, weil du Angst hattest, dass ich runterfalle …

AUGUST Was denn?

JULIE Mach mal aus.

AUGUST Was denn?

JULIE Nichts. Ich … Warte, zeig mal, wie sieht das aus?

AUGUST Das Ganze?

JULIE Nein, nur der Schluss.

August spult zurück. Auf dem Bildschirm sehen wir Julie sagen:
»...Vater, hast mich da an den Füßen gehalten, damit ich runter-
schauen konnte, weil du Angst hattest, dass ich runterfalle ...«
Ist irgendwie Scheiße.

AUGUST Ich weiß nicht, ich fand den Take ganz gut.

JULIE Ist doch völlig pathetisch. Nein?

AUGUST Weiß nicht. Ist ja auch was Besonderes hier. Mach mal weiter, wir können ja 'ne zweite Version machen.

JULIE Okay. Kannst du da weitermachen? Nach »runterfalle«?

AUGUST Ja, warte ... okay.

JULIE Ich sag okay.

AUGUST Okay.

JULIE Okay. ... Ich bin heute hier, weil ich das nachholen will. Ich
werde heute da runterspringen. Das heißt, ich bin eigentlich tot
schon. *Sie versucht, das Lachen zu verbergen.* In diesem Moment,
wo ich das zu euch sage, bin ich tot. *Sie lacht.* Ist eine irre Vorstellung, das könnt ihr mir glauben. *Sie lacht immer mehr.* Aber das
wisst ihr ja bereits. Weil ihr sonst dieses Video ... also ... Scheiße,
jetzt hab ich den Faden verloren.

AUGUST Ich mach mal aus, ja?

JULIE Nein! Warum?

AUGUST Ich dachte mit dem Lachen ...

JULIE Das war vielleicht gut, gerade! Irgendwie tröstlich vielleicht.
Das sind vielleicht gerade so Momente.

AUGUST Aber es war ein wenig irr vielleicht, nein?

JULIE Irr?

AUGUST Ein wenig.

JULIE Macht nichts. Mach da mal weiter.

AUGUST Dann musst du aber noch ein wenig lachen, jetzt, wegen der
»continuity«.

JULIE Was für 'ne »continuity«?

AUGUST Die Fortsetzung.

JULIE Das ist doch ein Schnitt!

AUGUST Ja, aber nach diesem Schnitt kommt doch die Fortsetzung.
Also es geht da weiter, wo wir aufgehört haben.

JULIE Nein. Es geht ein wenig weiter weiter. Deshalb lach ich jetzt nicht mehr. Du darfst nicht unterbrechen. Okay? Nur ich darf unterbrechen. Okay?

AUGUST Okay.

JULIE Okay …

AUGUST Kamera läuft.

– –

JULIE Nachher kommt nichts mehr.

– –

Nachher kommt nichts mehr. Nachher ist Schluss. Nach dem Anfang kommt nichts mehr.

– –

Hörst du mich?

– –

Stell das Ding ab.

AUGUST Was denn? Das war super gerade. Diese Stille. Du solltest mehr Pausen machen, die kommen super.

Kamera aus.

JULIE Es kommt nicht »Kamera läuft«. Nach »Okay« kommt nicht »Kamera läuft«. Nach Okay komme ich.

AUGUST Hab ich was gesagt?

JULIE Ja. Du hast gesagt: »Kamera läuft.« Aber das sehen ja alle, dass sie läuft, sonst würden sie dich nicht sagen hören: »Kamera läuft.«

AUGUST Sei doch nicht so pingelig.

JULIE Ich bring mich hier nicht alle Tage um, verdammt. Ich will, dass das gut kommt.

AUGUST Okay.

JULIE Okay.

Kamera läuft.

Wir unterbrechen kurz für eine Werbung. Shop till you drop, motherfuckers! Ja, und da sind wir wieder, live mit dabei, wie sich zwei junge, unschuldige mittelständische Menschen europäischer Bauart eigenmächtig aus dem ihnen anvertrauten Leben werfen … Okay. Komm, los … Okay.

– –

AUGUST Was denn?

JULIE Ich hab okay gesagt. Also sollte jetzt die Kamera laufen.

AUGUST Die läuft doch schon lange.

JULIE Die läuft schon lange. Also … Ich möchte nicht, dass es so aussieht, als ob ich nicht weiß, was ich tue. Das weiß ich sehr wohl. Ich hab auch jemanden dabei, der das bezeugen kann. Der da hinter der Kamera, das ist August, und er ist mein bester Freund. Ich liebe ihn. Ganz fest. Zeig dich mal.

August hält sich kurz die Kamera ins Gesicht und grinst.

Ja, Rune, das ist August. Du denkst jetzt sicher »typisch Verlierer«. Aber es ist ein großer Erfolg, Verlierer sein zu können. Denk mal drüber nach. Es ist ein großer Erfolg, einer sein zu können. Und August ist ein Super-Verlierer. Lach nicht. Und ich liebe ihn dafür. Ich möchte nicht, dass ihm was zustößt. Deshalb werden wir zusammen springen. Wir werden uns an den Händen halten, und wir werden uns nicht loslassen, bis wir unten sind.

AUGUST Warte mal …

Kamera aus.

JULIE Was?

AUGUST Ich weiß nicht. Wär's nicht besser, wir halten uns da gegenseitig etwas raus?

JULIE Wie?

AUGUST Na ja. Ich weiß nicht. Der Rune, ich kenn den nicht, und ich weiß nicht, ob ich dem was hinterlassen will. Von wegen, ich sei ein Verlierer und so. Ich weiß nicht.

JULIE Das ist doch nur so zwischen mir und ihm. Ich sag doch nicht, du seiest ein Verlierer im Allgemeinen. Das ist nur zwischen Rune und mir. Wir können ja getrennte Kassetten machen.

AUGUST Ja, aber das ist doch egal. Ich meine, ich hab ja eigentlich nichts damit zu tun, dass du dich umbringst, also inhaltlich gesehen …

JULIE Ich will das jetzt mal fertig sagen hier.

AUGUST Gut. Aber dann machst du noch eine Version ohne mich, okay?

JULIE Wenn du willst. Also. Okay. Wo war ich?

AUGUST Wir werden uns nicht loslassen, bis wir unten sind.

JULIE Ja. Ja eben. Was redest du da? »Eine Version ohne dich«? Es gibt keine Version ohne dich. Los, wir machen da weiter. Also. Okay …

Kamera an.

Ja. Das war immer schon mein Traum, müsst ihr wissen. Ich wollte immer schon mit meinen Lieben sterben. Gleichzeitig. Damit ich das nicht erleben muss, wenn einer geht. Also ich hab mir immer nur vorstellen können, mit euch allen zusammen zu sterben. Beim Picknicken. Alle zusammen. »Familie von einem Meteoriten erschlagen. Der Krater hat die Größe eines Fußballstadions.« Dass einer von uns vor den anderen stirbt, das hab ich mir nie vorstellen können. Ja. Jetzt geh ich schon mal vor. Das tut mir Leid. Es ist nämlich so. Als du, Papa, als du mich damals gehalten hast, an den Füßen, das war ein gutes Gefühl. Ich hab von euch immer ein gutes Gefühl gekriegt, wenn ich's gebraucht hab. Ihr wart so gute Eltern, das gibt's gar nicht. Weil ihr habt mich eigentlich immer an den Füßen gehalten, ihr, meine Freunde und meine Kollegen … Ich konnte in alle Abgründe der Welt schauen, und ich brauchte mich nicht zu fürchten. Weil ihr da wart. Und, und dafür danke ich euch, weil ich hatte ein wunderbares Leben, Dank euch allen. Ich hab alles gesehen, ich hab die ganze Welt in mich hineingefressen. Und ich hab alles gekriegt, was es gibt. Ich hab alles, was ich wollte, alles hab ich immer gekriegt. Es gab nichts Unerreichbares. Ich war überall, und den Rest hab ich in Filmen gesehen, ich war auf Feuerland, bei den Eingeborenen und hab die Sonne aufgehen sehen, ich hab BigMacs gegessen und bei Prada eingekauft und umgekehrt, ich wurde geliebt, ich war begehrt, ich kann segeln und Golf spielen, ich war eins a in Informatik, ich hab PC-Spiele entwickelt, Geld gemacht, ich hab alles getan, was Spaß macht, ich hab ein Tattoo, da … Ich hab alle Rauschmittel der Welt getestet, ohne kaputtzugehen, und mit Jungs rumgemacht, mit Brad Pitt hab ich 'ne Nacht verbracht, das hat zwar nicht besonders Spaß gemacht, aber interessant war's, aus soziologischer Sicht, das war damals, als du mich alleine nach New York hast fliegen lassen, Rune, der Junge war im selben Flieger, tut mir Leid. Ich hatte die große Liebe, mit dir, Rune, und ich liebe dich immer noch. Auch wenn du ein Gewinner geworden bist. Pass auf dich auf. Ja, jedem seine Zeit. Kurz: Ihr habt mir die Welt serviert, ich hab von allem gehabt, und ich hab auch alles wieder ausgespuckt, kaum hatte ich es im Mund. Weil das Eine die Möglichkeiten des Nächsten nie aufwiegen kann. Mein Leben … also meine Vergangenheit, die besteht hauptsächlich aus einer Zukunft, aus der nichts geworden ist. Ich hab ganz lange das eine nicht verstanden … Ich hab ganz lange nicht verstanden, dass es nur einen Weg gibt, um alles zu haben: nach nichts verlangen. Es gibt nur eine Art, alles zu haben: nach nichts verlangen. Und ich glaube … ich hab jetzt keinen Hunger mehr. Ich hab gehabt, und mich verlangt nach nichts. Ich will nichts, so wie ich noch nie was wollte. Ich weiß nicht, ob ihr das versteht. Jedenfalls, keiner von euch kann mir nichts geben, das kann mir keiner geben, außer ich. Ja, eine Sache will ich noch, ich will einen schönen Tod. Und ich wollte euch allen auf Wiedersehen sagen und euch ganz fest halten und trösten und sagen, dass alles gut wird und … weil ich euch doch … weil es euch doch … weil ich … weil … Mach mal aus da … *Kamera aus.*

– –

Ich bin eigentlich ein totaler Idiot, fällt mir auf.

AUGUST Warum?

JULIE Ich red hier nur von mir …

AUGUST Na ja … ist ja auch das letzte Mal.

JULIE Und Stumpfsinn auch noch. Das geht nicht. Das kann ich nicht machen so was. Tu nochmal 'ne neue Kassette rein.

August legt eine neue Kassette ein.

AUGUST Ich finde doch. Das war nicht schlecht. Ich versteh dich jedenfalls viel besser jetzt. Dass du dich umbringen willst und alles. Versteh ich. Im Ernst.

JULIE Das war doch völliger Stuss. Dass ich alles schon hatte und so. Dass mich die ganze Welt an den Beinen gehalten hat, damit ich in Abgründe schaue. So 'n Scheiß. Totaler Schwachsinn ist das. Propaganda.

AUGUST Ja. Aber, alles in allem.

JULIE Nochmal.

August filmt Julie.

Hallo Leute. Da bin ich nochmal … Ja. Nicht um euch irgendwelche Vorwürfe zu machen hier. Das tut nur jemand, der noch am Leben hängt. Wollte bloß tschüss sagen. Ja, und macht euch nichts draus, weil, wenn ich früher schon erkannt hätte, dass ich genauso viele Schwächen und Fehler habe wie ihr, ich hätte mich auf der Stelle umgebracht. Ja? So gesehen hat's ja doch ganz lange gedauert. Ja. Also …

– –

AUGUST Ich hab ausgemacht.

JULIE Ich bin fertig.

AUGUST Ja. Ich wusste nicht, das war so kurz.

JULIE Es war Scheiße. Mach du.

August reicht Julie die Kamera.

AUGUST Also warte, ich weiß nicht, ob ich das hinkriege, so kurz.

JULIE Ich bin bereit.

AUGUST Also los.

Kamera läuft.

Hallo. Ihr. Lieben. Da bin ich nochmal … Ich … Also … Ich wollte immer ein Teil sein von irgendwas, vom Leben, von einer Geschichte, aber gleichzeitig … Scheiße. Entschuldigt. Ja. Seit ich denken kann, gibt es nichts, was ich hätte verursachen wollen, ja? Ich hab nie das Bedürfnis verspürt, für irgendwas auf dieser Welt die Ursache gewesen zu sein. Vielleicht gibt es irgendein Wort, das ich gerne gesagt hätte, aber im Moment seh ich nicht, welches. Doch. Feigling. Ich bin ein Feigling. Vermutlich. Mein einziger Mut bestand bis heute darin, dass ich mich nicht umgebracht habe. Ich hab immer in der Angst gelebt, vom Unglück überrascht zu werden. Das hat mir meine Zeit ziemlich vergiftet. Ja. Deshalb komme ich heute meinem Schicksal zuvor und stürze mich da runter, ins Unglück, bevor es mich trifft. Ja. Also … macht euch nichts draus, gell. Ist vielleicht ein Glück, das Unglück. Ach ja, und vergesst nicht, den Fisch zu füttern. Ja. Tschüss.

Kamera aus.

JULIE Du hast einen Fisch?

AUGUST Ja. Ich wollte ihn eigentlich mitnehmen. Aber dann dachte ich, wegen dem Flieger … und dann, es ist ein Salzwasserfisch.

JULIE Das da unten ist Salzwasser.

AUGUST Im Ernst?

JULIE Das ist ein Fjord.

AUGUST Ja. Scheiße, dann. Hoffentlich füttern die den. Zeig mal her, ich will mal sehen, wie das ausschaut. Du musst dir vorstellen, du bist deine Eltern und schaust dir das an.

August nimmt die Kamera und spult zurück. Wir sehen und hören das Aufgezeichnete nochmals. Die beiden schauen gebannt auf den kleinen Kontrollmonitor an der Kamera.

JULIE … ich hätte mich auf der Stelle umgebracht. Ja? So gesehen hat's ja doch ganz lange gedauert. Ja. Also. Und tschüss …

AUGUST Hallo. Ihr. Lieben. Da bin ich nochmal … Ich … Also …

Ich wollte immer ein Teil sein, von irgendwas, vom Leben, von einer Geschichte, aber ...

August macht aus.

Irgendwie nicht. Klingt irgendwie superfake. Das kann ich nicht machen. Ich meine, ich leb nicht ein Leben lang auf so 'ne Lüge hin. Das ist einfach nicht möglich, hier so was liegen zu lassen. So was Fakes.

JULIE Da müssen wir nochmal drüber. Ich steh da wie hypnotisiert.

AUGUST Ich red ja nur ... ich weiß nicht.

JULIE Na ja. Das auch. Aber ich seh auch noch so aus, dazu.

AUGUST Das ist normal.

JULIE Wie?

AUGUST Na ja, so gleich nach dem Aufstehen.

JULIE Es ist einfach zu depressiv. Ich seh aus wie irgend so 'n Sektenanhänger. Das möchte ich vermeiden. Dass die meinen, ich war nicht bei Sinnen, oder so. Sag mal, das ist doch Quatsch mit dem Feigling.

AUGUST Na ja ...

JULIE Warum erzählst du so was?

AUGUST Um die zu trösten. Ich dachte, wenn ein Feigling sich umlegt, dann hat das was Tröstliches.

JULIE Willst du denen denn nicht die Wahrheit sagen? Anstatt irgendwas faken? Ich meine, das wär doch jetzt der Moment! Außerdem möchte ich nicht mit einem Feigling gesprungen sein.

AUGUST Ja. Ja. Das war Scheiße.

– –

Kamera läuft. Julie macht auf supercasual.

JULIE Hallo Leute. Ich hab genug. Das versteht ihr nicht, deshalb quassel ich jetzt nicht lange rum. Tschüss.

– –

Kamera aus.

AUGUST Das hatte was. So in der Kürze.

JULIE Nochmal.

Kamera läuft.

Hallo Mutter, Vater, zu dir komm ich später noch ...

– –

Nein. Das ist kein Anfang. Warte, warte. Lass laufen. Liebe Mutti, lieber Papa. Ich bin hier mit August, August ist mein neuer Freund. Wir lieben uns.

58   norway.today

––

Fuck. Echt. Fuck. Ich schaff's nicht. Komm, mach du mal. *Julie übernimmt die Kamera.*

AUGUST Ja, warte. Also. Okay. Hallo. Es tut mir Leid, dass ich euch das angetan hab. Aber ich hab nicht wirklich an euch gedacht bei dem Ganzen. Ihr wart mir in dem Moment, der jetzt gleich kommen wird, vollkommen egal. Das ist die Wahrheit …

––

Was weiß ich, ob die mir egal sind in dem Moment, der da kommen wird? Warte, nochmal … Okay?

––

Hallo. Ihr habt keine Ahnung, wie es ist, ich zu sein. Ich sag euch, es ist Scheiße. Ich krieg nicht mal ein richtiges Abschiedswort hingebogen hier. Es ist zum Verzweifeln, und deshalb geh ich jetzt … Tschüss.
Kamera aus.

JULIE Aber nicht im Ernst, das.

AUGUST Ist doch wahr wenigstens. Ich weiß nicht. Moment, jetzt hab ich's.

JULIE Okay.

AUGUST Liebe Mutter, lieber Vater, lieber Bruder und lieber Rest der Welt. Alles in allem … kühl erwogen, ist es unmöglich, nicht den Verstand zu verlieren. Bis bald …
Kamera aus.

JULIE Ich weiß nicht … Wir sollten vielleicht einfach die Kamera da hinlegen, uns da vorne hinstellen, kurz was sagen und dann gehen.

––

AUGUST Ja.
Julie stellt die Kamera hin und stellt auf Aufnahme. Sie stellen sich beide davor und halten sich an den Händen.

JULIE Ich liebe euch.

AUGUST Ich auch.
Sie gehen, Hände haltend, auf den Abgrund zu. Kurz vor der Kante:

JULIE D a s ist pathetisch.

AUGUST Irgendwie, ja.

JULIE Außerdem ist das ganze Zeug von vorher noch drauf.

AUGUST Ja. *August macht die Kamera wieder aus.* Vielleicht wär ein wenig Musik was?

JULIE Musik?

AUGUST Ich weiß nicht, zum Untermalen. Im Hintergrund?

JULIE Warte, ich hab was mit. Das hat mich immer getröstet, wenn ich traurig war. *Julie holt den Ghettoblaster aus dem Zelt.* Das Ding ist, ich hab gar nicht alles gehabt. Das ist das Ding. Ich weiß nicht. Ich glaub mir kein Wort mehr, irgendwie. Das Nordlicht heute Nacht. Ich hatte noch nie ein Nordlicht gesehen. Scheiße. Ich meine, wären wir gestern gesprungen, wir hätten's voll verpasst, das blöde Licht. Gar nichts hab ich gesehen. Da. Warte. Da. Die sechs. Bereit?

AUGUST Ja.

JULIE Okay, lass laufen.

Kamera läuft. Julie tut eine CD rein und lässt sie laufen (»egg radio« von BILL FRISELL). Sie will was sagen, schaut lange in die Kamera, schließlich weint sie nur. Das Lied spielt weiter. Julie stellt den Ghettoblaster ab.

Tut mir Leid.

AUGUST Willst du nochmal?

JULIE Nein. Ich glaube, ich bin unfähig. Das kann doch nicht so schwierig sein, sich zu verabschieden.

AUGUST Lass mich nochmal versuchen. *Er gibt Julie die Kamera.* Okay?

Julie nickt. August nachdenklich:

Wenn der Tod etwas Furchtbares ist, und das ist er vielleicht, wie kommt es, dass wir nach einiger Zeit jeden unserer Freunde für glücklich erachten, der aufgehört hat zu leben?

– –

Leben ist für mich ein Problem, das ich jeden Tag von neuem lösen muss. Wenn ich meinen tiefsten Instinkten folgen würde, ich würde von morgens bis abends um Hilfe schreien.

– –

Alle meine Widersprüche kommen daher, dass es unmöglich ist, das Leben mehr zu lieben, als ich es liebe, und gleichzeitig und fast ununterbrochen ein Gefühl von Ausgestoßensein und Verlassenheit zu haben.

– –

Ich lebe seit Jahren unter mir und bin unglücklich. Aber heute, heute bin ich glücklich. Vielleicht liegt das wahre Glück nur in der Erkenntnis, sich selbst nicht mehr zu brauchen.

60   norway.today

Kamera aus. Julie ist begeistert.

JULIE Amen. Das war genial!

AUGUST Scheiße …

JULIE Du bist ein Poet. Woher nimmst du so was?
  August holt ein Buch aus dem Zelt hervor.
  Das klang so echt. Ich war ganz gerührt.

AUGUST Nee. War geklaut.

JULIE Ist doch egal, nein?

AUGUST Ich weiß nicht.

JULIE Das können wir so stehen lassen.

AUGUST Du meinst, das war's?

JULIE Ja. Nein?

AUGUST Nein. Das war geklaut, das zählt nicht. Ich will was Eigenes
  sagen.

JULIE Okay. Aber du musst so tun wie eben, so nachdenklich. Das
  kommt super.

AUGUST Ich muss irgendwie tun?

JULIE Ja. Das war total glaubwürdig, glaub's mir.

AUGUST Du meinst, ich muss was faken?

JULIE Sieht so aus.

AUGUST Damit es glaubwürdig ist?

JULIE So sieht's aus, von hier aus.

AUGUST Echt?

JULIE Sag ich doch.

AUGUST Ich muss faken?

JULIE Wenn das eben fake war, ja, dann ja.

AUGUST Das war fake. Ich hab total gefaked.

JULIE Sah aber echt aus.

AUGUST Aber wenn das … Das war fake!

JULIE Na und? Fake muss offenbar nicht immer fake sein. Fake kann
  total echt sein, manchmal.

AUGUST Fake kann echt sein?

JULIE Ja. Fake ist nur, was nichts ist. Das ist fake.

AUGUST Das sagst du.

JULIE Das sag ich.

AUGUST Fake ist nur, was nichts ist.

JULIE Ja.

norway.today **61**

AUGUST Aber nichts ist doch ganz nichts.

JULIE Ja.

AUGUST Also ist nichts fake.

JULIE Ja.

AUGUST Also wäre das alles ernst zu nehmen, hier? Plötzlich?

JULIE So sieht's aus. *Lacht.*

AUGUST Du machst Witze.

JULIE Nein. Jetzt gerade nicht. Jetzt gerade nicht. *Lacht.*

AUGUST Das ist alles ernst zu nehmen hier?

JULIE Du zitterst.

AUGUST Ja. Ich hab Angst.

JULIE Weswegen denn?

AUGUST Wegen der Zukunft.

JULIE Welche Zukunft?

AUGUST Meine Zukunft. Ich weiß nicht. Meine Zukunft hat mir bisher nie Angst gemacht, weil ich wusste, ich kann mich umbringen jederzeit. Verstehst du? Aber jetzt …

JULIE Aber jetzt?

AUGUST Ich bin mir plötzlich nicht mehr sicher … dass ich mich noch umbringen kann. Verstehst du?

– –

JULIE Los.

AUGUST Okay.

Kamera läuft.

Hallo, Leute. Ich bin hier in Norwegen heute. Ich hab euch gesagt, dass ich zu Mats wohnen gehe übers Wochenende. Aber das war gelogen. Ihr hättet mich nicht gehen lassen. Also hab ich euch voll was vorgelogen. Julie hier hat mir den Flug bezahlt. Ja. Und es hat sich gelohnt. Ich meine, wir springen jetzt gleich hier runter … Ich meine, das ist, warum wir hier sind. Um zu gehen. Aber es hat sich auch sonst echt gelohnt, weil die kurze Zeit hier, die war richtig gut. Ich meine, ich hab mich hier richtig lebendig gefühlt, eigentlich. Also eigentlich zum ersten Mal, vielleicht. Gestern Nacht haben wir ein Nordlicht gesehen. Wir haben es gefilmt. Ihr könnt es euch anschauen. Es war ein wunderschönes, riesiges Licht. Es hat fast den ganzen Himmel bedeckt. Und ich hab an euch gedacht, auch, warum ihr dieses Licht nicht sehen könnt zu Hause, weil's doch so groß ist. Das Ding ist, auf dem Video sieht's viel kleiner aus, und dunkler. Sieht irgendwie aus wie durch 'n Nebel durch. Man muss das echt erlebt haben. Ich kann euch das nur empfehlen. Julie hier hatte auch noch nie eins gesehen. Wir standen da wie die Irren. Ja. Das solltet ihr mal sehen. Aber es soll sehr selten sein, sagt Julie. Ja. Ja und … Julie ist ein Freund. Julie. Ich … Sie ist … Also ich bin … eigentlich … ja. Also ich wollte eigentlich … Ich wollte euch eigentlich sagen, warum ich das tue, was ich gleich tun werde, aber … ehrlich gesagt, ich weiß es gerade nicht mehr. Ich hab keine Ahnung. Tut mir Leid.

Kamera aus.

Weißt du's?

JULIE Nee.

AUGUST Ja, dann.

JULIE Ja.

– –

AUGUST Warte mal.

August packt die Kassetten alle zusammen in eine Tasche und geht damit zum Abgrund. Julie steht neben ihm. Sie schauen sich an. August schmeißt die Tasche runter. Sie schauen ihr nach.

– –

JULIE Ist hängen geblieben.

– –

AUGUST Es könnte sein, dass wir soeben von einem Glück getroffen wurden, von dem wir uns nicht so schnell erholen werden.

– –

JULIE Ich will weg hier.

AUGUST Ich auch.

Beide ab.

* * *

*

futur de luxe

von Igor Bauersima
nach der Geschichte »Morgen Abend«
von Réjane Desvignes und Igor Bauersima

Personen

USCHI
FELIX
THEO
ULLA
RUDI
OLGA

Ort

Villa am Meer

»Und es ward Abend und es ward Morgen.«

Ein großzügiges Wohn- und Esszimmer, klassisch modern möbliert. Ein großer Esstisch, ein Piano, ein Sessel, eine Mies-van-der-Rohe-Liege usw. Kerzen in allen Größen sowie ein siebenarmiger Leuchter schmücken den Raum. Einige Gegenstände und Geräte sehen etwas futuristisch aus. Auf beiden Seiten des Wohnraumes eine Terrasse mit Pflanzen. Vorhänge und Jalousien trennen den Wohnraum von den Terrassen. Wenn sie geschlossen sind, dienen sie als Projektionsflächen. Die Handlung spielt an einem Sommerabend im Jahr 2020.

I

Auf der Terrasse.

USCHI Ich geh zu meinen Eltern. Meine Brüder kommen auch. Wir sehen uns alle so selten, seit wir an verschiedenen Orten wohnen. Ich lebe schon seit fünf Jahren nicht mehr hier. Und trotzdem, ich habe jedes Mal das Gefühl, nach Hause zu kommen, wieder. Ist auch kein Wunder. Die Gegend ist so schön. Das Meer. Und dieses trockene Gras. Das gibt's nur hier. Und diese Ruhe. Bald ist Abend, und der Schabbath beginnt. Mein Vater deckt bestimmt gerade den Tisch. Wir haben das Schabbathritual geändert, irgendwann, bei uns zu Hause. Meine Mutter hatte es satt, immer das Dienstmädchen machen zu müssen. Sie hat Vater dazu gebracht, dass am Schabbath immer er den Tisch deckt. Das ist zwar nicht sehr orthodox, aber ich finde es ganz okay, wenn mein Vater ein wenig in Bewegung bleibt. Außerdem ist da seit ein paar Jahren auch ein Dienstmädchen. Olga. Die macht die Küche. Und Mutter macht sich schön. Irgendwann werde ich aufs Land ziehen. Vielleicht bleibe ich auch in Israel. In einem Jahr bin ich mit dem Studium fertig, dann geh ich nach Israel. Dort gibt's viel zu tun, für Agronomen. Ich geh jetzt.

Gleichzeitig auf der gegenüberliegenden Terrasse.

FELIX Ich hab voll verpennt. Ich hab was geraucht mit einem Kollegen im Atelier, also ich mache Bilder, und ich bin dann voll einge-

66 futur de luxe

pennt, heute Nachmittag, irgendwann. Plötzlich klingelt das Telefon. Der Kollege ist dran, der, der eben noch im Atelier war, und er meint, er hätte sein Gras vergessen. Das war Stunden später. Zum Glück hat der angerufen, weil wenn ich heute Abend verpennt hätte, das hätten mir die Eltern ziemlich übel genommen. Ich meine, ich seh meine Eltern eh nie, außer an diesen Familienabenden, die sind meistens am … an einem Freitag, da ist Schabbath, weil wir sind jüdisch, irgendwie, aber da kann ich nichts für. Jedenfalls sind wir so ungefähr die langweiligste Familie, die es in der Geschichte der Menschheit je gegeben hat. Ich meine, jedes Mal, wenn ich zu Hause bin, penn ich ein, fast. Ja? Zu Hause ist sozusagen nichts los. Nichts, ja? Das könnt ihr euch gar nicht vorstellen. Also ich geh jetzt da hin und penn ein, vermutlich.
Beide ab.

2

Im Esszimmer. Uschi ist schon da. Felix kommt zur Tür rein und wird von Uschi, Theo, der gerade den Tisch gedeckt hat, und Ulla, die aus dem Bad kommt, herzlich begrüßt. Alle zusammen machen sich daran, die im Raum verteilten Kerzen anzuzünden. In der Zwischenzeit kommt Rudi auf der Terrasse an. Er hat nasse Haare und trägt eine Sporttasche, aus der ein Degen herausschaut.

RUDI Ich hab gewonnen. Aber … ich hab keine Zeit, leider. Ich heiße Rudi. Ja, dann. *Will gehen.* Das heißt. Ich hab gegen den besten Fechter im Club gewonnen. Das Geniale am Fechten ist, du kannst … du kannst total die schlechten Karten haben, ja? Ich meine, ich bin nicht sehr groß … ich bin nicht groß, und ich bin nicht sehr kräftig. Du kannst also total die schlechten Karten haben, aber wenn du schnell bist und ein wenig schlau … du kannst ihn kriegen. Du kannst jeden kriegen. *Rudi geht ab. Er taucht aber auf der gegenüberliegenden Terrasse wieder auf.* Ja, tut mir Leid, ich bin spät dran, ich muss jetzt rein. Die warten schon alle. War fechten. Hab gewonnen. Ich mach das zum Ausgleich. Ich muss jetzt aber gehen. Meine Geschwister sind schon da. Sehen Sie? Felix. Und Uschi. Und Theo, mein Vater. Und da, das ist meine Mutter, Ulla. Aber vielleicht kennen Sie schon alle. Ja. Es wird schon dunkel.

Ich muss mal. Das Ding ist, ich hatte mir heute vorgenommen zu gewinnen. Resultat …

Ulla sieht Rudi auf der Terrasse rumstehen.

ULLA   RUDI! ES IST GEDECKT!

RUDI   Ja. Dann.

Rudi und Ulla verschwinden im Living.

3

Die Jalousien sind geschlossen. Diese Szene ist als Projektion zu sehen. Uschi, Theo, Felix und Ulla im Esszimmer. Der Tisch ist sehr unordentlich, das Essen zur Hälfte weg. Scherben liegen am Boden. Ulla hat blutige Hände.

USCHI   Was sollen wir tun?

THEO   Felix, bitte. Versteckt euch. Wir müssen ihn überwältigen.

FELIX   RUHE!

THEO   Bitte …

FELIX   Keiner rührt sich, bis er zurück ist.

ULLA   Ein Mitläufer. *Zu Theo* Wir haben einen Mitläufer in der Familie.

THEO   Was schaust du mich so an?

USCHI   Er ist völlig verrückt. Seine Augen … o Gott.

Rudi kommt zurück. In seiner Hand eine kleinkalibrige automatische Pistole.

RUDI   Rechts oben, hast du gesagt, nein? Komisch, da war nur das da.

THEO   Gib das sofort her.

RUDI   Rechts oben, nein?

USCHI   O Gott!

Ulla rennt raus und poltert mit den Fäusten gegen die Tür.

ULLA   HILFE! HILFE!

Rudi rennt ihr hinten nach.

USCHI   Was sollen wir tun?

THEO   Wir müssen ihn überwältigen.

FELIX   Ich weiß nicht. Ich finde es gerade ziemlich lustig, alles. Endlich was los hier. Ich meine, ihr erwartet doch nicht ernsthaft, dass er uns was antut?

68 futur de luxe

USCHI Der ist so verkabelt. Der ist so verkabelt.

FELIX HÖR MIT DEINEN FREMDENFEINDLICHEN ÄNGSTEN
AUF, ENDLICH.

USCHI ICH bin hier fremd. ICH.

THEO Felix!

Rudi zerrt Ulla mit sich.

RUDI Keiner verlässt den Raum. Keiner.

ULLA Lass mich. Felix, Uschi, tut was! Theo!

RUDI RUHE! Kein Wort mehr. Felix, kannst du mir helfen? Kannst
du Ulla hier an diesen Stuhl binden, damit sie nicht stört?

ULLA Lass mich!

RUDI Wir brauchen hier etwas Konzentration. Etwas Ruhe.

FELIX Mach's doch selber.

RUDI Felix, wir sitzen im selben Boot. Merkst du das nicht, wenn die
hier rausgehen, erzählen sie's ganzen Welt. Willst du das? Das
willst du nicht. Also hilf mir. Wir können das verhindern.

ULLA Großmutter hat immer gesagt, ihr seid verrückt, bleibt in Israel.
Bleibt in Israel.

FELIX WAS HAST DU VOR, VERDAMMT?

RUDI Tu, was ich dir sage.

Felix fesselt Ulla an den Stuhl.

THEO Rudi, ich kann nicht glauben, was ich sehe …

RUDI Das ist schlecht. Aber es ist immer noch besser, als wenn du
sehen würdest, was du glaubst.

THEO Gib das her!

RUDI Nein. Das kann ich nicht, in dieser erhitzen Situation kann ich
das nicht. Das geht gerade nicht. So. Da. *Rudi reicht Theo einen
Kugelschreiber.* LINKS oben hab ich den gefunden. Ja, links
rechts, rechts links. Alles dasselbe.

THEO Die Geschichte wiederholt sich also doch …

Rudi wendet sich plötzlich an die Zuschauer.

RUDI Moment mal. Sie verstehen vermutlich nicht. Wir müssen die
Geschichte von vorne aufrollen, Sie erinnern sich, ich komme hier
an, alle sind schon da. Der Tisch ist gedeckt. Ich mach mal die
Jalousien hoch. Ist ein wenig klaustrophobisch hier, nein, gerade?

*Rudi geht und macht mit einem Knopfdruck die automatischen Ja-
lousien hoch. Der Wohnraum ist absolut dunkel.*

4

Im Licht eines Streichholzes erscheint die Familie Klein. Sie sitzt am reichlich gedeckten Esstisch. Uschi steht auf und zündet die Kerzen des Leuchters an. Theo blickt liebevoll zu Uschi auf, während sich Ulla nochmal kurz mit einem Stift die Lippenkontur nachzieht, Felix gelangweilt vor sich hin starrt und Rudi sich den Schweiß von der Stirn wischt. Uschi breitet die Arme über den Kerzen aus, zieht sie in kreisenden Bewegungen dreimal nach innen und bedeckt schließlich ihre Augen mit beiden Händen.

USCHI *singt* Baruch ata adonoj eloheinu – melech haolam, Ascher kideschanu bemizwotaw weziwanu lehadlik ner schel schabbat. Amen.
(»Gelobt seist du, Ewiger, unser Gott, König der Welt, der du uns geheiligt durch deine Gebote und uns befohlen, das Sabbatlicht anzuzünden.«)
Uschi setzt sich, faltet die Hände und senkt den Blick. Stille. Uschi schaut auf.
Danke.
THEO Ja. Dann haut mal alle rein.
ULLA Genau. Jeder gibt sich selbst.
FELIX Wie im richtigen Leben.
Man bedient sich.
THEO Rudi, nimm das.
FELIX Zu spät.
ULLA Du hättest dir die Hände waschen können.
FELIX Geht nicht weg.
RUDI *zu Ulla, übers Essen* Sieht gut aus.
ULLA Danke. Ist aus Milano
RUDI Hm?
ULLA Ich war vor einer Woche in Paris. Ist aus Milano.
RUDI Ach so, ja. Sieht gut aus. Uschi?
USCHI *verneinend* Danke.
RUDI Wenn du noch was abnimmst, bist du weg.
ULLA Mir sagst du so was nie.
USCHI Ich nehm was von dem.
THEO Sehr gut. Nichts essen immer ist schlecht.

70 futur de luxe

FELIX Stimmt, du verhungerst.

USCHI Fleisch ist nicht mehr so mein Ding.

ULLA Ist was?

USCHI Nein.

THEO Sie hat vielleicht schon was gegessen, nein? Also … *Theo schickt sich an zu essen.*

USCHI Ich hab diesen Film gesehen, wie sie die Tiere schlachten.

ULLA Essen musst du doch was.

THEO Lass sie doch. Jeder isst, was er will.

FELIX Besonders Ulla.

RUDI Irgendwas hat sich verändert hier. Seit letztem Mal.

ULLA Was denn?

FELIX Es gab keine Knödel. Nein: das Datum.

RUDI Ich weiß nicht. *Zu Ulla* Ich hab's. Deine Frisur.

ULLA Ach, wie war die denn vorher?

RUDI War die nicht irgendwie gewellt?

ULLA Das kann sein. Aber da hat uns, mich und Uschi, eine Kassiererin für Schwestern gehalten neulich. Das war mir dann zu viel. Für Schwestern!

THEO Olga hat sich wieder mal übertroffen.

USCHI Wo ist sie?

ULLA Sie kommt sich noch verabschieden.

USCHI Will sie nicht mitessen?

ULLA Sie hat heute frei.

USCHI Schade.

FELIX Ja, dann. Tschüss.

THEO Lechaim.

ALLE Lechaim.

Sie nehmen einen Schluck Wein und beginnen zu essen.

RUDI *zu Theo* Und? Wie steht's denn so?

ULLA Er arbeitet Tag und Nacht an seinem Vortrag.

RUDI Worum geht's denn?

THEO Ach. Das Gen und die Ethik.

ULLA Und ich mach mir Sorgen. Er sitzt nur rum.

RUDI Ein wenig Sport wäre gut, nein? Sauerstoff. Hält den Kopf wach.

FELIX Ja. Ein wenig leiden … ja! Schmerzen!

RUDI *zu Felix* Aggressionen abbauen hilft's auch.

futur de luxe **71**

FELIX Wozu Aggressionen abbauen? Um ein Kriecher zu werden? Aggressionen sind das Natürlichste auf der Welt.

ULLA Ich weiß nicht, woher du so was hast. Theo war noch nie sehr aggressiv.

THEO Sport braucht Zeit. Ich habe keine Zeit.

USCHI Ihr könntet doch am Strand spazieren gehen, öfter. Das ist auch Sport.

ULLA Ich fang ja bald wieder mit dem Krafttraining an, aber erst muss es vernarben.

USCHI Was denn?

ULLA Ach, eine alte Geschichte, die ich weggemacht hab.

USCHI Aha.

RUDI *zu Ulla* Nimm ihn einfach mit.

ULLA Der kommt da nicht mit. Er sagt, er mag Krafträume nicht. Der hört doch nicht auf mich.

RUDI *zu Theo* Du solltest mehr auf Ulla hören, was sportliche Dinge angeht.

THEO Krafträume riechen nach Mittelalter.

ULLA Etwas mehr Mittelalter täte dir gut.

THEO Ich bin mehr für die Renaissance zu haben. Das weißt du doch.

FELIX Das ist weise.

THEO Ja. Nicht wahr?

ULLA Ja, Weisheit, das hab ich mit Theo gelernt, Weisheit ist eben ein Ding, das kommt aus der Not.

THEO Wie so vieles, hm?

USCHI Sag mal, Papa, wollt ihr euch nicht ein paar Schafe besorgen?

THEO Was sollen wir mit Schafen?

USCHI Das Gras ist so hoch da draußen. Man sieht das Meer kaum noch. Ein paar Schafe würden euch viel Arbeit ersparen. Und ihr wärt nicht so alleine hier. Wenn ich mal auf dem Land wohne, werde ich Pferde haben.

Das Telefon klingelt. Verlegene Blicke. Niemand geht ran.

FELIX Tja. Soeben ist die Welt untergegangen, und wir wissen nichts davon.

THEO Am Telefon hat mir noch nie jemand etwas wirklich Wichtiges gesagt.

ULLA Und als deine Mutter gestorben ist?

THEO Sie war krank. Es war unausweichlich, dass sie mal stirbt, leider. Aber es war nicht wichtig, in dem Sinn.

72 **futur de luxe**

USCHI Müssen wir von so was reden, jetzt?

ULLA Von was sollen wir denn reden?

USCHI Von was Schönem.

THEO Ich weiß nicht, warum Ulla von Oma reden muss.

FELIX Ist wieder mal so wie immer hier.

RUDI *beschwichtigend* Na ja. Ein Anruf am Schabbath ist schon irgendwie unsympathisch. Großmutter hat das immer gemacht.

FELIX Was?

RUDI Sie rief an und meinte: Warum gehst du ran, es ist doch Schabbath, es ist verboten zu telefonieren!

THEO Sie war eben krank.

USCHI Oma war nicht krank, sie war alt.

ULLA Warum lässt du das nicht den Arzt entscheiden?

USCHI Das ist doch offensichtlich. Weil der Arzt das Altern für eine Krankheit hält.

THEO Sie hatte Alzheimer.

USCHI Sie hatte Altersheimer. Sie war eingesperrt. Das hat sie krank gemacht.

ULLA Reden wir doch über was Vernünftiges.

THEO DU hast mit meiner Mutter angefangen.

ULLA Das tut mir Leid.

FELIX Ich seh nichts. Können wir nicht das Licht anmachen?

ULLA Wie geht's denn an der Uni?

RUDI Na ja. Hab eine Assistenz angeboten gekriegt.

THEO Von wem?

RUDI Heine.

THEO Heine wer?

RUDI Pränataldiagnostik.

THEO Der hat keine Ahnung.

RUDI Ich hab auch abgelehnt.

THEO Sehr gut.

ULLA War das klug?

THEO Natürlich, der Heine hat bei mir studiert. Ist ein verkappter Politiker. Von Forschung keine Ahnung. Sehr gut. Das kann nur ein Abstellgleis sein. Der wollte dich wegen deinem Namen. Das ist alles.

RUDI Na ja. Ich hab diese Arbeit geschrieben, die ihm gefallen hat.

THEO Ich kenn den Typen. Nur Politik. Welche Arbeit?

RUDI Manipulation von Geschlechtsmerkmalen.

ULLA *zu Theo* Das weißt du doch.

THEO Ja ja. Die Sache mit den Kühen. Mit den …

USCHI MUSS das sein …?

ULLA Was denn? Mich interessiert das!

THEO Hat ihm gefallen, ja?

RUDI Ja ja.

THEO Umso besser. Was denn, Uschi?

USCHI Es ist alles so …

FELIX Wie immer.

USCHI Ja.

THEO Was sollen wir denn reden? Uschi?

USCHI *zu Felix* Wie geht's dir denn, malst du viel?

FELIX Geht so.

THEO Erzähl doch mal.

FELIX Bin gerade in so 'ner Phase, da ist nicht viel los. Ist ein bisschen chaotisch, alles.

ULLA Also ich komm jetzt wieder mal vorbei, um mir ein Bild auszuwählen.

FELIX Fürs Sommerhaus, nein?

THEO Wozu brauchen wir noch Bilder?

FELIX Um eure Welt ertragen zu können.

USCHI Ich hab eine Freundin, deren Vater ist Galerist. Du solltest den mal treffen.

FELIX Ich weiß nicht. Wie gesagt, im Moment mach ich gerade eine Pause.

THEO Pausen in deinem Alter? In deinem Alter hab ich keine Pausen gemacht.

FELIX Was vergleichst du dich immer mit mir?

RUDI Malst du noch immer Wolken, oder bist du schon auf der Erde angekommen?

FELIX Da war ich schon, und dann bin ich zum Himmel zurück. Ist irgendwie klarer dort oben.

USCHI Das stimmt.

FELIX Hier gibt es nur noch manipulierte Kühe. Und die wirken nicht echt genug, auf einem Bild.

Stille. Theo steht auf und zieht die Vorhänge etwas zu.

ULLA Warum ziehst du die Vorhänge zu?

THEO Weil's spiegelt. Die Fenster. Weil ich mich nicht immer anschauen muss.

ULLA Aha. Ja. Welches Thema bleibt uns denn, Uschi?

USCHI Wir könnten auch einfach wieder mal zusammen sein, einfach.

ULLA Aber wir sind doch zusammen.

USCHI Aber ihr redet über manipulierte Kühe.

ULLA Ja und?

USCHI Und es ist deprimierend. Diese Kühe deprimieren mich.

ULLA Wir könnten vielleicht darüber reden, wie's wäre, wenn wir alleine sind und wieder über alles reden dürfen, morgen Abend. Wie wäre das?

THEO Wie wäre es, wenn ihr euch nicht streiten würdet?

Das Telefon klingelt wieder.

USCHI Können wir es nicht ausmachen, einfach, oder klingeln lassen?

ULLA Ich weiß nicht, woher du das nimmst, diese Religiosität, plötzlich, wir waren doch nie religiös, Uschi, das musst du akzeptieren.

THEO Lass sie. Sie interessiert sich für ihre spirituellen Wurzeln. Das ist wichtig. Du kannst keine Schlösser auf Sand bauen. Man muss sich von den fundamentalen Sachen des Lebens ein Bild machen, wenn man jung ist.

FELIX Was hat das mit dem Alter zu tun, Bilder machen? Ich will doch wissen, ob die Welt untergeht. *Felix steht auf und geht ans Telefon.*

USCHI Felix …

ULLA Das ist doch sektiererisch, du kannst nicht alle Menschen … auf deinen Weg mitnehmen wollen, plötzlich.

Felix nimmt den Anruf entgegen.

FELIX Klein …

USCHI Das ist doch, das hat doch nichts mit … es gibt nur gewisse Prinzipien, die wir befolgen sollten, das ist alles.

Felix geht mit dem Hörer auf die Terrasse.

FELIX No … No. Ah … I don't know, I don't know … You can't make it? Ah. Sorry, who is there? Sorry … Yes … Really? Aha …

Währenddessen geht das Gespräch am Tisch weiter.

RUDI Uschi. Wenn wir von … von diesen Dingen reden hier, von der Zukunft, dann freuen wir uns über das Erreichte und Bevorstehende, dann sollte dich das nicht stören, eigentlich. Das ist doch der

Schabbath, wenn ich mich richtig erinnere, ein Fest der Freude, ein Bild der zukünftigen Welt. Ist doch ein Fest?

USCHI Aber mir wird schlecht.

ULLA Wer kann das sein?

THEO Freunde von Felix sicher.

Und auf der Terrasse:

FELIX Adolf? You mean Rudolf! No ... I think we don't know each other, really ...

Felix kommt rein und reicht seinem Vater den Hörer.

Keine Ahnung.

THEO Hallo. Oh, what a surprise! How are you? No ... you were talking to my son. No, I'm not kidding ... *Theo geht raus auf die Terrasse.* What did you tell him? ... O God ... *Theo greift sich an die Stirn.*

In der Zwischenzeit am Esstisch:

FELIX *lacht* Die hat mich voll gelabert, die Tante. Die hat voll 'n Knall oder was. Hat mir irgendwas von einem Hirn erzählt, das sie nicht rausschmuggeln kann, wegen Kontrollen an den Flughäfen und so Zeugs, wegen Terroristen ...

USCHI Ein Hirn? Ist Papa jetzt Organschmuggler?

FELIX Die war nur voll hinüber, die Tante. Vergiss es.

RUDI Ein Hirn transplantieren ist sehr sehr schwierig.

FELIX Weiß nicht. Und Darling dies und Baby das, wie viele Geliebte ich habe, wollte sie auch wissen, und ob ich mich nicht an unseren letzten Sex erinnern kann oder so was ... richtig angemacht hat die mich. Völlig Irre.

ULLA Wie hieß die?

FELIX Sharon, keine Ahnung. Hat geglaubt, ich sei Theo. Hat mich Theodor genannt.

Stille. Theo wirkt inzwischen wieder gefasst.

THEO Ah ... Yes. No, not at all. Not at all. Yes. We're having a family dinner but, no, not at all. We're fine. Yes, yes, yes, I see ... Mhm, I see ... Yes. Yes. Never mind. Never mind.

FELIX Tja. Aber ich hab vielleicht auch schlecht gehört. War irgendwie eine schlechte Verbindung.

Uschi steht auf und tritt zu Theo auf die Terrasse heraus. Ulla steht ebenfalls auf und zündet sich eine Zigarette an.

THEO Yes. Yes. Bye-bye ... I understand. I have to leave you now.

76 futur de luxe

We'll see what happens. Don't worry. Thanks for calling, Sharon.
Bye. Bye, Sharon. Was ist?

USCHI Wer ist das?

THEO Ach. Beruflich. Eine Bekannte.

USCHI Was ist mit der?

THEO Nichts.

USCHI Ich dachte, du machst keine Schweinereien mehr.

THEO Was für Schweinereien? Was redest du da? Komm essen.

USCHI Du schmuggelst irgendwelche Köpfe.

THEO Aber nein. Komm.

USCHI Ich hab keinen Appetit mehr.

*Theo nimmt Uschi bei der Hand. Uschi macht sich los und bleibt
stehen. Theo wendet sich ab und kehrt zurück zum Esstisch. Dabei
macht er die Vorhänge wieder auf.*

ULLA Warum machst du die Vorhänge wieder auf?

THEO Weil's warm ist hier drin. *Deutet auf die Kerzen.* Damit die
Wärme raus kann.

ULLA Gute Neuigkeiten?

THEO Nichts Wichtiges.

FELIX Wer war das?

THEO Eine Bekannte. Die interessiert sich für … genetische Fragen.
Sie hat mich erinnert, ganz unnötigerweise, dass die amerikanische
Ethikkommission, also die haben gerade diese Sitzung … Sie hat
gemeint, dass sie noch zu keiner Entscheidung gekommen sind,
aber dass sie wohl heute noch fallen wird und …

RUDI Welche Entscheidung?

THEO Ach. Nichts. Reproduktives Klonen und so weiter … Ja.
Dann … wo waren wir?

USCHI *von der Terrasse* Beim reproduktiven Klonen!

THEO Ja. Dann …

FELIX Mir hat sie von einem Hirn erzählt.

THEO Ja? Ja ja. Was denn?

FELIX Dass sie das Hirn jetzt nicht rausbringen kann, weil die Flughäfen bewacht sind.

THEO Ja. Ja ja. Das auch. So. Ich nehm noch was davon.

*Theo nimmt was aus einer Schüssel. Uschi steht in der Tür. Ulla
sitzt auf der Liege.*

FELIX *zu Rudi* Kennst DU die? Sharon heißt die, nein?

THEO Ja ja. Wie soll ER sie kennen, ich kenn sie doch kaum.

FELIX Hat nach ihm gefragt.

THEO Das kann sein. Ich hab ihr erzählt, dass ich Kinder habe.

FELIX Sie wollte wissen, wie's Rudi geht. Und ob er noch niemanden umgebracht hat.

THEO Ja? Ja. Sie ist so. Ein Spaßvogel, die Sharon.

ULLA Wer ist diese Frau?

THEO Eine Kollegin.

ULLA Kannst du nicht was erzählen?

THEO Was denn? Sie weiß, dass der Rudi ein angehender Kollege ist, eben. Das sind so Witze eben.

ULLA Ist das diese Frau, die wir an diesem Kongress in Pennsylvania getroffen haben, letztes Jahr?

THEO Hm? Ja. Vielleicht.

ULLA Diese Unscheinbare, diese Kleine, Merkwürdige?

THEO Ja. Vielleicht.

ULLA Die war so aufgedreht, ein wenig, nein? Die? Aber sonst ganz nett? Einsteins Urenkelin oder so was, nein?

THEO Ja ja.

ULLA So kompetent wirkte sie zwar nicht, aber über drei Generationen verläuft sich so was vielleicht auch.

THEO Vielleicht.

ULLA Was ist mit ihr?

THEO Ach … *Theo schmeckt's.* Es ist sehr … sehr delikat.

ULLA Na. Hauptsache, es schmeckt. Und du kennst die gut, ja?

THEO Wie, warum?

ULLA Ich weiß nicht, sie fragt Felix, ob er sich an ihren letzten Sex erinnern kann.

THEO Na ja. Ich meine, die Frau ist ein wenig übergeschnappt. Amerikanerin. Sie ist ein wenig merkwürdig.

ULLA Ja. Vielleicht. Sie war schon damals in Pennsylvania merkwürdig, wenn ich mich richtig erinnere. *Zu Felix* Was hat sie noch gesagt? Hat sie was von Berlin gesagt? Vor drei Wochen?

FELIX Ja, kann sein.

ULLA Der hat eine Kongressschlampe!
Stille.
Was erzählst du da von einer Ethikkommission? Was für eine Ethik?

78 futur de luxe

THEO Ulla.

RUDI Etwas, was wir nicht wissen dürfen?

THEO Nein. Neinein.

Stille.

USCHI Könnt ihr uns nicht ein wenig aufklären hier?

ULLA Wieso »ihr«?

THEO Na ja. Ich erkläre euch alles. Das Hirn …

ULLA Das Hirn, ja? Und das Becken?

THEO Ulla. Bitte.

Felix steht auf und geht zum Lichtschalter. LICHT.

USCHI Mach das aus. Bitte.

FELIX Was denn? Ich seh nichts. Ich seh nicht, was ich esse. Ich hab
genug von dieser Dunkelheit.

USCHI Bitte. Ihr habt's mir versprochen …

FELIX Du wolltest doch ein wenig Aufklärung …

RUDI Mach aus.

FELIX Yesrr … *Felix macht das Licht wieder aus.*

RUDI Also, wie war das?

THEO Ihr müsst es absolut für euch behalten, ja? Es ist streng geheim.
Also. Sharon hat … sie hat das Hirn von Einstein.

RUDI Wie »sie hat das Hirn von Einstein«?

THEO Dieser Arzt, der Einsteins Leiche obduziert hat, damals, 19-
was-weiß-ich, der hat damals das Hirn geklaut, aus Ehrfurcht. Und
als er alt war, da hat er es zurückgebracht. Der Mutter von Sharon.
Der hat die ausfindig gemacht, in Kalifornien, und ist mit dem Hirn
im Kofferraum durch Amerika gefahren und hat ihr das Hirn zurückgebracht.

FELIX Und die hat das Hirn ihrer Tochter eingebaut?

THEO Nein. Sie hat's ihr vermacht.

FELIX Das eingemachte Gehirn?

THEO Genau. Und die Tochter, die Sharon, die will … also wir haben
dieses Projekt. Bloß ist es unmöglich, eine Bewilligung dafür zu
kriegen, weil reproduktives Klonen absurderweise noch immer illegal ist.

RUDI Wie? Ihr wollt das Hirn klonen?

FELIX Wozu?

THEO Es gibt viele Gründe …

FELIX Und habt ihr euch schon gefragt, was Einsteins Hirn darüber
denken wird?

THEO Das können wir nur herausfinden, wenn es wieder lebt.

ULLA Und ist das möglich? Ich meine, ist das machbar?

Theo macht eine Geste in Richtung »selbstverständlich«.

Auch wenn's eingemacht war?

THEO Es geht ja nur um den Code. Natürlich ist das machbar.

USCHI Mit »natürlich« hat das nichts zu tun. Was hab ich dem lieben Gott angetan, um das zu verdienen? In meiner Familie?

ULLA Ich weiß nicht. Manchmal denke ich, dass ich zu früh geboren worden bin.

THEO Warum?

ULLA In der Zukunft hätte ich sagen können: Gestern hatte ich genug von mir, heute habe ich mich geklont, und morgen werde ich mich so viel besser fühlen. Ich weiß nicht.

USCHI Was redest du da? Das ist doch der totale Unsinn! Das ist doch ABSOLUT EKELHAFT, alles, gerade!

ULLA Ich finde das spannend.

Uschi ab auf die Terrasse.

THEO Uschi. Warte. *Theo steht auf und folgt Uschi.*

ULLA Bleib doch. Ich wollte dich noch was fragen.

FELIX Jedenfalls hat das Hirn echt Glück, dass Einstein tot ist.

ULLA Warum?

FELIX Weil es nicht mit seinem Original zusammenleben muss. Stellt euch das mal vor! Wäre doch nicht auszuhalten! Nicht mal für Einstein. Wäre doch völlig verrückt.

RUDI Zusammen kämen die vielleicht auf eine Relationstheorie oder so. Was weißt du schon?

ULLA Jedenfalls ist das alles ziemlich interessant.

FELIX Interessant, ja? Das hält doch keiner aus im Kopf, so was!

Auf der Terrasse. Uschi starrt aufs Meer hinaus.

THEO Uschi Kleines.

USCHI Es ist alles so falsch heute.

THEO Nichts ist falsch. Nichts ist falsch. Komm.

USCHI Nein. Du verheimlichst uns Sachen, und wir reden von total unmöglichen Dingen. Ich verstehe das nicht.

THEO Aber das sind doch Nebensächlichkeiten. Das wollt ihr gar nicht wissen.

USCHI Ich will doch wissen, wer mein Vater ist!

THEO Ja. Natürlich, natürlich. Komm. Komm essen.

80 futur de luxe

USCHI Wenn du solche Dinge tust …

THEO Ich tue doch keine Dinge.

USCHI Wie soll ich dir trauen?

THEO Uschi. Du bist doch meine Uschi. Wie kannst du so was sagen? Komm.

Theo nimmt Uschi in seine Arme. Ulla kommt dazu.

ULLA Euer Essen wird kalt. Ich weiß nicht.

THEO *zu Uschi* Sind wir eine glückliche Familie oder was? Oder was?

USCHI Das weiß ich nicht. Wenn wir Sachen verheimlichen, untereinander, dann weiß ich nicht, was wir sind. Ich meine, schau mal Mama an.

ULLA Was ist DAS jetzt?

THEO Nichts. Sie hat Recht. Sie hat Recht. Man soll Sachen nicht verheimlichen. Aber es gibt im Leben immer wieder Situationen, die man verheimlichen MUSS, ein wenig. *Zu Ulla* Nein?

ULLA Was?

THEO *zu Ulla* Ja, das weißt DU so gut wie ich. Das ist so.

ULLA Von was redet ihr da? Ich habe noch nie was verheimlicht!

USCHI Ach was?

ULLA Was hab ICH denn verheimlicht?

USCHI Dein Alter.

ULLA Jetzt fängst du wieder damit an.

USCHI Weil ich's nicht schlucken kann.

Theo geht zurück zum Tisch.

THEO Kommt, hackt jetzt nicht aufeinander rum. Zu Tisch, es ist Schabbath, und da wird nicht aufeinander rumgehackt. Ein bisschen Restreligiosität täte uns allen gut, hier.

Ulla kommt auch rein, durchquert aber den Raum, tritt auf der anderen Seite wieder ins Freie und spricht dann quer durch den Living zu Uschi.

ULLA Ich nehme nur Rücksicht auf meine Umgebung. Im Gegensatz zu dir. Ich habe es nicht NÖTIG, die anderen zu belehren. Auch über mein Alter nicht. Ich nehme meine Verantwortung als … als aussehendes Wesen wahr. Ich sehe aus, also tue ich was dafür. Wozu soll ich rumlaufen und mein Alter in die Welt posaunen?

USCHI Wie alt BIST du denn?

RUDI Uschi, die Frage ist unpräzise gestellt. Mutter kann sie nur für jeden Körperteil einzeln beantworten.

futur de luxe 81

ULLA Was fällst DU mir so in den Rücken, plötzlich?

RUDI Ich mach doch nur Witze.

USCHI Wie alt bist du?

THEO Uschi. Was regst du dich so auf? Lass sie doch!

ULLA Du brauchst mich nicht zu verteidigen. Ich bin alt genug, das selber zu tun.

USCHI Allerdings. Mama ist 55! Aber dazu steht sie nicht. Sie wurde 1964 geboren und sieht aus, als wär sie 30! Das ist nicht NORMAL.

RUDI Na ja. Mama ist eine Architektin der Zeit, ein wenig. Das solltest du zu schätzen wissen. BESONDERS am Schabbath.

ULLA Ihr hättet wohl lieber eine Großmutter hier sitzen?

FELIX Ich nicht. Ich bin dafür.

USCHI Für was?

FELIX Ich bin für die Freiheit zu sein, was ich will.

THEO So.

ULLA So was?

THEO Es reicht.

FELIX Was denn?

THEO Mir reicht's.

RUDI War doch nur Spaß.

THEO Uschi, bei aller Liebe. Es gibt ein Ding, das ich nie, nie toleriert habe, und das ist jede Art von INTOLERANZ.

USCHI *lacht* WAS HEISST HIER INTOLERANZ? Was hat die Liebe zur Wahrheit mit Intoleranz zu tun?

THEO Zur Wahrheit, ja?

USCHI Ja.

THEO Und was weißt du von der Wahrheit?

USCHI Ich weiß, dass sie mir lieber ist als die Lüge.

ULLA Dann wart's mal ab, bis du älter wirst.

THEO *zu Uschi* Woher nimmst du das?

USCHI Von dir. Von dir natürlich. Das hast du uns doch immer beibringen wollen. Dass wir neugierig durch die Welt gehen sollen, mit offenen Augen und lernen und fragen und lernen und Fragen stellen und zweifeln an allem und so weiter! Das hab ich von dir!

THEO Du vermischt hier zwei Sachen, Uschi. Wenn du die Wahrheit nicht kennst, kannst du nicht sagen, ob du sie der Lüge vorziehst. Weil es sich gelegentlich SEHR SCHWER LEBT mit der Wahrheit.

82   futur de luxe

RUDI   Moment. Du sagst gerade, dass es besser ist, gewisse Sachen nicht zu wissen, ja?

THEO   Nein. Nein. Mein GOTT! Rudi. Ich sage nur, dass Uschi sehr edel ist, wenn sie sagt, dass sie die Wahrheit der Lüge vorzieht, dass sie aber nicht wissen kann, ob sie mit der Wahrheit leben will. Nicht in jedem Fall.

USCHI   Warum überlässt du das nicht mir?

THEO   Weil du bis vor kurzem noch ein Kind warst.

Stille.

Ja.

USCHI   Was heißt das?

THEO   Dass ich bis vor kurzem noch für dich verantwortlich war. Und dass ich jetzt essen will.

Ulla kommt zurück zum Tisch.

USCHI   Was heißt das? Was heißt: Ich war bis vor kurzem noch ein Kind? Welche Wahrheit?

THEO   Uschi.

USCHI   WAS?

FELIX   Ich glaube, das heißt, dass er dich endlich als erwachsene Person betrachtet und dir die Wahrheit ins Gesicht sagen wird, gleich.

ULLA   Ja, sagen wir uns doch die Wahrheit, wo wir endlich alle erwachsen sind.

USCHI   NOCH erwachsen sind. DU wirst ja immer jünger.

ULLA   Warum kümmerst du dich nicht um dich? Da gibt's viel zu tun auf dem Gebiet.

USCHI   Das schaff ich nicht alleine. Du kennst doch einen Arzt.

ULLA   Deine Tochter ist unerträglich!

THEO   Deine Tochter, deine.

Stille. Ulla verlässt das Esszimmer in Richtung Terrasse. Theo folgt ihr.

RUDI   Ja. Das macht Spaß. Wein, jemand?

FELIX   Danke.

RUDI   In vino veritas.

FELIX   O Mann, was hab ich da für einen Scheiß losgetreten?

Uschi setzt sich an Klavier und spielt die Gymnopédie No. 3 von Satie.

futur de luxe 83

5

Ulla und Theo auf der Terrasse.

ULLA Das ist doch wunderbar, dass sich bei dir im Alter noch irgendwas regt, aus welchen Gründen auch immer. Man muss in Form
bleiben. Ich versteh zwar diese Frau nicht, ich meine, so fit bist du
auch nicht mehr, aber was soll's. Das ist doch kein Problem. Ich
hab damit kein Problem. Wo habt ihr euch denn getroffen?

THEO Tokio.

ULLA Ah, ja. Vor drei Jahren, nein? Schön für dich.

THEO Das ist schön, dass es dich so kalt lässt.

ULLA Was denn sonst? Ich könnte deine Tochter sein. Vergiss das
nicht.

THEO Zumindest sieht's so aus.

Ulla wendet sich ab. Stille. Es lässt sie nicht kalt.

ULLA Ach, die Welt ist zum Kotzen.

THEO Ja. Nicht wahr?

ULLA Es ist alles so schmutzig.

THEO Ja. Nicht wahr?

ULLA WAS? Was ist: NICHT WAHR? NICHT WAHR? DU belügst
mich seit drei Jahren. Ich meine, das ist der Hammer. Eigentlich.
Eigentlich, wenn's mir nicht total egal wäre, es wäre der Hammer.

THEO Ja, nicht wahr?

Stille. Rudi lässt die Jalousie zur zweiten Terrasse hochgehen.

ULLA Okay. Wir müssen mit kühlem Kopf darüber reden, wenn die
Kinder weg sind.

Stille.

Aber du erwartest nicht, dass ich das einfach so hinnehme? Ich
meine, drei Jahre lang lügen, das ist doch was.

THEO Fünfundzwanzig.

ULLA Was, »fünfundzwanzig«?

THEO Oder wie alt ist Uschi?

ULLA Was ist mit Uschi?

THEO Na ja, du hast weder ihr, noch mir, noch ihrem Vater jemals
gesagt, wer ihr Vater ist. Fünfundzwanzig Jahre lang. Das schlägt
alle Rekorde.

ULLA Was erzählst du da?

84 futur de luxe

Rudi erscheint, unbemerkt von Ulla und Theo, in der Tür zur Terrasse und hört das folgende Gespräch:

THEO Ich habe mich oft gefragt, ob Frank es weiß.

ULLA Was weiß?

THEO Dass er ihr Vater ist. Aber du hast es ihm nie gesagt, was?

ULLA Was redest du da? Du bist ihr Vater. Woher nimmst du das?

THEO HÖR AUF, Ulla. Es reicht. Ich hab's gewusst, als du's erst geahnt hast.

Stille.

Mach mir einfach keine Vorwürfe von wegen drei Jahre Lügen. Ja?

Stille.

Ich muss dir doch keine Beweise liefern, oder doch? Oder doch? Ihr hättet euch sehen sollen, damals.

ULLA Und dir war's egal, was?

THEO Überhaupt nicht.

Stille.

ULLA Warum hast du nichts getan? Warum hast du nichts getan?

THEO Aber … das hab ich doch! Ich hab doch was getan!

ULLA Was denn?

Stille.

THEO Na ja, ab da war ich so frei, mir das Leben so einzurichten, wie i c h es wollte.

Stille.

Ich wollte eine Tochter, ich hab eine Tochter, ich hab die Söhne, die ich wollte, und ich hab meine Frau jeden Tag schöner werden sehen. Natürlich hätte ich auch gerne Kinder mit dir gehabt, aber die Wissenschaft war mir schließlich wichtiger.

Ulla bemerkt Rudi. Auch Theo wendet sich ihm zu.

Rudi …

ULLA O Gott.

THEO Wie lange stehst du schon da?

RUDI Bin gerade rausgekommen. Warum?

THEO Nur so.

Stille.

RUDI Was?

Stille.

Was denn?

THEO Ich muss euch heute, ich muss euch allen was erzählen, heute Abend. Rudi. Etwas Schönes. Etwas sehr Schönes.

ULLA Theo, das tust du nicht.

THEO Komm. Es ist nicht, was du denkst. Kommt alle zum Tisch.
Kommt. Felix, Rudi.

6

*Im Esszimmer. Rudi geht auf Uschi zu und legt schützend einen Arm
auf ihre Schulter.*

FELIX Was gibt's? Eine Scheidung? Das hab ich euch ja schon lange
vorgeschlagen.

USCHI Was ist mit dir, Rudi?

Theo lässt die Jalousien runter. Ulla bleibt abseits.

THEO Setzt euch, bitte. Rudi. Uschi.

Stille.

Die Grenzen unseres Wissens verschieben sich täglich. Die Wissenschaft macht Fortschritte. Und weil dem so ist, kann man irgendwann über Sachen sprechen, über die man vorher schweigen
musste. Ja? Komm, setz dich, Uschi. Ja. Es gibt eine Sache, die mir
schon seit langer Zeit am Herzen …

ULLA Theo.

THEO … die mich schon lange Zeit belastet, weil die Zeit reif ist. Ich
kann darüber … nein: Ich will also darüber heute Abend nicht mehr
schweigen.

ULLA Theo?

THEO Weil wir eine schöne Zeit vor uns haben und weil wir uns weiterhin in die Augen schauen wollen, nein? Und die Wahrheit kennen wollen. Alle.

*Ulla lässt in der Aufregung ihr Glas fallen. Es zerspringt am Bo-
den.*

ULLA Olga …

THEO Lass nur. Ulla. Lass. Was ich euch erzählen werde, wird euch
schockieren. Zu Recht. Aber was auch immer kommt jetzt: Ich liebe euch, und ich werde euch immer lieben. Und ihr müsst versuchen zu verstehen. Vergesst bitte nicht, wie sehr ich euch liebe! Das
ist wichtig. Ja?

FELIX Mir scheint, die Zeit ist gekommen, ein paar schattige Ecken
auszuleuchten hier.

86 futur de luxe

Felix betätigt den Lichtschalter. LICHT.

THEO Eure Mutter hat dieses wunderbare kleine Geschöpf hier *Er lächelt Uschi zu* zur Welt gebracht, hat ihr dabei aber eine schwere Krankheit vererbt. Und wie durch ein Wunder, ich meine, das wisst ihr, damals, das war ein Roulettspiel noch, wir konnten Uschi damals durch diesen Eingriff ins Erbgut vor ihrem genetischen Defekt retten. Gott sei Dank ist uns das gelungen! Wir wollten aber nicht nur ein Kind haben, Ulla und ich. Ich habe Ulla deshalb vorgeschlagen, Kinder zu haben, die nicht von Ullas Erbkrankheit gefährdet sind.

FELIX Ja. JA. Das wissen wir doch.

THEO Ja. Und ich habe Ulla vorgeschlagen, fremde Eizellen mit meinem Sperma …

ULLA Wie kannst du so was tun hier?

FELIX Ja. Die Details eures absurden Sexuallebens kannst du uns ersparen.

THEO Also. Ulla hat eingewilligt, vernünftigerweise. Ja. Und ein wenig später hat sie Zwillinge zur Welt gebracht.

RUDI Das wollte ich dich schon immer mal fragen: Was war das für eine Erbkrankheit?

ULLA WIE KANNST DU SO WAS TUN? HIER, heute Abend?

THEO Was denn? Wir sind doch alle erwachsen, nein? Bitte. Ulla. Du weißt doch gar nicht, was ich erzählen will … Also, ich muss ein wenig ausholen. Ihr wisst, meine Familie wurde im Zweiten Weltkrieg …

ULLA Ausgerottet.

THEO Ausgerottet. Meine Großeltern, sie sind alle in Konzentrations…

USCHI Das wissen wir, Papa.

THEO Ja. Ja. Ja, und meine Eltern, sie waren noch kleine Kinder, sie haben wie durch ein Wunder überlebt. Sie haben das Kriegsende in einem Auffanglager für Waisenkinder erlebt. Und da haben sie sich kennen gelernt. Sie waren dreizehn und vierzehn Jahre alt. Und sie haben sich verliebt in diesem Lager.

FELIX So hat alles seine guten Seiten.

THEO Woher du deinen Zynismus hast, ist mir ein Rätsel. Von mir nicht. Jedenfalls dreizehn Jahre später kam ich zur Welt. Mein ganzes Leben … mein ganzes Leben lang habe ich mich …

ULLA Olga? OLGA!

THEO WAS RUFST DU NACH OLGA, VERDAMMT? Ich erzähle hier was!

ULLA Ja, ich hör dir ja zu.

THEO Du rufst nach Olga!

ULLA Ich kenne deine Geschichte.

THEO NEIN! DU KENNST SIE NICHT!

ULLA Ist ja gut. Ich ruf schon nicht mehr.

Olga betritt den Raum und steht fragend da.

Olga …

OLGA *mit russischem Akzent* Problem?

THEO Entschuldige, Olga. Wir machen das schon. Danke. Mach dir einen schönen Abend. Wir machen das schon hier.

OLGA Ja dann. Schönen Abend.

FELIX Ja. Wir sehen uns.

OLGA Morgen Abend.

ULLA Ja. Dann.

OLGA Auf Wiedersehen. *Olga macht einen Knicks und geht wieder ab.*

THEO Auf Wiedersehen. Ja …

Stille.

Wo war ich?

FELIX In der Wiege vermutlich.

THEO Was?

FELIX Du hast gerade von deiner Geburt erzählt.

THEO Ja. Diese Tragödie. Mitten im aufgeklärten Europa. Diese Tragödie hat mich mein Leben lang nicht losgelassen. Wie konnte so was geschehen, mitten in diesem modernen Europa? Ja? Wer waren diese Menschen? Wer konnte solche Verbrechen begehen? Wer konnte seine Mitmenschen so einfach in Mörder verwandeln? Wo war dieser gute Gott damals?

FELIX Davon hast du uns doch schon tausendmal erzählt. Ich glaube, du schweifst etwas ab, nein?

THEO Nein, warte. *Zu Ulla* Wohin willst du?

ULLA Raus.

THEO Nein. Ulla. Du bleibst hier. Du bleibst hier. Seit frühester Kindheit hat mich die Frage beschäftigt: Wo sind die Wurzeln des Bösen? Wenn wir die Wurzeln des Bösen finden, können wir dasselbe

88   futur de luxe

auch für das Gute tun. Ich war jung. Ich hab Tag und Nacht in einem Labor gearbeitet. Wir versuchten, den genetischen Code von Mäusen zu knacken damals. Ja. Und natürlich stellte ich mir die Frage: Gibt es eine genetische Spur für das Böse oder für das Gute? Gibt es ein Gen oder eine genetische Kombination, die für das Böse oder das Gute zuständig ist?

RUDI   Das ist doch superspannend. Ich meine, sich vorzustellen, was euch damals so beschäftigt hat, diesen Wissensdurst zu ermessen, der die Menschheit seit dem Anfang der Zeiten angetrieben hat, und diese Naivität, mit der ihr an die ganze Genforschung rangegangen seid damals. Der Schlüssel zum Geheimnis des Lebens oder so war das. Nein?

THEO   Sicher. Ja. Ein wenig.

RUDI   Es ist so viel geschehen, in den letzten zwanzig Jahren, auf dem Gebiet. Ich meine, die Fortschritte sind enorm. Die Welt wird immer wie lesbarer, vorhersehbarer, für uns, ich meine, auch wenn wir die Weltformel noch nicht haben …

FELIX   Sagt mal, gibt's heute den Preis für den besten Redner, oder was? Dieses Gequatsche kotzt mich ein wenig an, wenn ihr meine Meinung hören wollt. Wenn ihr nicht gleich zum Punkt kommt, hau ich ab …

THEO   Felix, setz dich, bitte. Meine These war: Es gibt keine genetische Spur für das Böse und für das Gute.

FELIX   Ach was! Das ist unglaublich!

THEO   Na ja. Das klingt heute so logisch, aber vor fünfundzwanzig Jahren tat es das nicht. Damals waren die Wissenschaftler geblendet von ihren Entdeckungen. Sie hielten ihre Entdeckungen und die möglichen Konsequenzen daraus verständlicherweise für fundamental. Ist der Mensch determiniert oder nicht? Man dachte, dass es genügen wird, den genetischen Code zu knacken, um die Antwort auf alle unsere Fragen zu erhalten.

FELIX   Kurz, eine Bande von Vollidioten.

THEO   Ja. Das war auch irgendwie meine Hypothese, eine Bande von Vollidioten. Aber es ist einfacher, selbst für einen Maler, rückblickend in diesem Tonfall darüber zu sprechen.

FELIX   Aha.

THEO   Jedenfalls, um meine Hypothese zu belegen, dass das Böse keine genetischen Ursachen hat, wollte ich ein Experiment durchführen. Ich entschloss mich, zwei Wesen zu klonen.

RUDI War das erlaubt, damals?

THEO Damals nicht und heute nicht. Aber ich wollte es wissen. Ich
wollte das absolut Böse und das grundsätzlich Gute klonen. Die
beiden Lebewesen mussten zur gleichen Zeit, am gleichen Ort zur
Welt kommen, unter den exakt gleichen Bedingungen aufwachsen,
und ich musste sie und ihr Verhalten im Geheimen und aus nächs-
ter Nähe beobachten können.

RUDI Deine Prämisse scheint mir von Anfang an etwas wacklig gewesen zu sein, nein? Ich meine, ein Experiment mit nur zwei Pro-
banden, das ist doch nichts wert.

THEO Na ja. Sicher. Aber du musst das im Kontext der Jahrtausend-
wende sehen. Damals, 1996, das war alles Neuland. Und illegal.
Ein wissenschaftliches Abenteuer. Ich ging also davon aus, dass die
beiden Klone sich ähnlich wie Zwillinge entwickeln würden. Und
wenn nicht, das heißt, wenn der Schlechte sich zum Schlechten hin
entwickeln sollte, und der Gute zum Guten, ohne äußeren Grund,
dann hätte das meine These widerlegt. Das hätte bedeutet, dass es
genetische Ursachen für das Böse gibt, dass man sie im genetischen
Code lokalisieren und relativ einfach ausmerzen kann. Und ab dem
Moment hätte man sich die Welt als Ort des …

USCHI Das ist absolut monströs. Dass du dir so was auch nur ausden-
ken konntest, ist monströs.

FELIX Das meint er doch nicht ernst.

RUDI Es ist nie monströs zu denken, im Gegenteil. Das sind doch
Theorien. Wissenschaft. Schau mal: *Rudi nimmt ein Messer vom
Tisch.* Stell dir vor, vor mir liegt ein hilfloses Kind und schreit nach
seiner Mutter. Und ich bin ein Schwein. *Rudi wirft das Messer zu
Boden. Es bleibt stecken.* So. Wo steckt dieses Messer?

USCHI Du bist ekelhaft.

RUDI Es steckt im Boden. Realität. Fiktion. Zwei Sachen. Merk's dir.
Stille.
Also. Wie geht deine Geschichte weiter?

THEO Ja. Mein Problem war also, ich musste irgendwie an dieses
Böse herankommen. Ja? Und damals tauchte dieses Gerücht auf.
Herbert. Herbert, ja? Ein Wachmann von Hitlers Garde hat die letz-
ten Minuten im Bunker miterlebt, er hat Hitler tot gesehen und sich
als Andenken einen Finger Hitlers mitgenommen, bevor der in
Flammen aufging. Diese Geschichte, ich meine, die ist aus ver-

90 futur de luxe

schiedenen Gründen sehr interessant, diese Geschichte hat mich damals lange verfolgt, du erinnerst dich, Ulla.

ULLA Ich habe wohl vorgezogen, sie zu vergessen.

THEO Ja. Ich hab mich also auf die Suche nach Herberts Beute gemacht. Schließlich gelangte ich an einen Kuriositätensammler. Wir trafen uns, Ironie der Geschichte, im Café Einstein. Ich stellte mich ebenfalls als Sammler und unter falschem Namen vor. Ich wollte ihm seinen Finger abkaufen. Aber nichts zu machen. Immerhin hat er mich zu sich nach Hause eingeladen, um die Kuriosität zu bestaunen. Ja. Und da habe ich, als der Mann kurz auf Toilette musste, da habe ich zum ersten und hoffentlich letzten Mal gestohlen … Ich hab den Finger geklaut und bin abgehauen.

FELIX Und seither gibt's für Klauen Fingerabhauen?

USCHI Es gibt jedenfalls ein Verbot dagegen.

THEO Glücklicherweise hab ich den Sammler nie wieder gesehen. Er konnte auch nicht gut zur Polizei gehen und sagen, mir ist mein Hitlerfinger abhanden gekommen.

FELIX Aber … das ist doch nicht wahr, oder? Du hast Hitler geklont?

ULLA Du hast mir nie was von diesem Finger erzählt.

FELIX Wie sah der denn aus?

RUDI Moment, ich möchte verstehen …

THEO Jetzt hör mir doch zu!

ULLA WAS? Was?

RUDI *zu Theo* Warte mal …

THEO Nein, ich möchte meine Geschichte zu Ende bringen.

RUDI Bitte.

FELIX *interessiert* Mach schon, verdammt.

THEO Ich hatte also alles zur Hand, um mein Experiment durchführen zu können. Der erste Klon sollte Hitler werden …

FELIX Und für den zweiten hast du dir wohl ein Haar von Gandhi besorgt, was?

ULLA Gandhi war kahl.

FELIX Wen hast du denn genommen, für den Guten?

THEO Na ja …

USCHI Wen?

THEO Das war nicht einfach.

FELIX Hättest dich doch selber klonen können, nein?

THEO Ja. Das hab ich dann auch gemacht, nach langem Überlegen.

futur de luxe **91**

Stille.

FELIX Du hast dich verdoppelt?

RUDI Moment, ich verstehe nicht. Ich hab was verpasst, irgendwie.

THEO Na ja. Ich erfüllte alle notwendigen Bedingungen ... *Theo schweigt.*

USCHI Er-hat-sich-selbst-ge... das gibt's nicht! Das gibt's nicht!
Rudi legt seine Hand auf Uschis Schulter.

RUDI Was ist denn? Uschi? Was ist denn? *Rudi versteht nicht.* Worum geht's hier gerade? Eigentlich. Wo ist das Problem?

THEO Es gibt kein Problem.

ULLA Aber ... Was hast du mit den beiden getan? Mit den beiden Dingsda, mit den Klontieren?

THEO Ich hab sie groß werden sehen.

ULLA Na und?

THEO Und ich habe gewonnen, ich habe meine Wette gewonnen!

RUDI Moment, aber wann war denn das? Ich meine, wie alt wurden die beiden?

THEO Im Moment sind sie vierundzwanzig Jahre alt.

ULLA Und die leben noch?

THEO Und wie.

ULLA Und wenn sie dich kriegen?
Stille.

FELIX Ich dreh durch.

RUDI Was denn?

FELIX Du ... das ... der ... Ich dreh durch. Es gibt kein Problem?

THEO Felix, beruhige dich.
Stille.

FELIX *zu Rudi* Du bist Hitlers Klon und ich seiner. *Zu Theo* Nein? Hab ich das richtig kapiert? Ich dreh durch ...

USCHI Das ist nicht wahr.

ULLA *zu Theo* Was willst du uns hier erzählen?

THEO Warte.

ULLA Was willst du uns erzählen? WAS WILLST DU UNS ERZÄHLEN?

THEO Jetzt hör mir doch zu.

ULLA Was? Was?

RUDI Was bin ich?

THEO Rudi. Du weißt, was du bist. Du bist und bleibst Rudi. Die

92 futur de luxe

Neuigkeit ist nur: Du und Felix, ihr seid nicht aus einer konventionellen künstlichen Befruchtung hervorgegangen, sondern aus diesem Klonverfahren, das ich vor fünfundzwanzig Jahren entwickelt habe. Das ist alles.

USCHI Gott ...

RUDI Und ich ... was ... Klon ... von was?

FELIX Scheiße, ich hab Recht. Hab ich Recht?

THEO Ja. Aber das ist völlig egal. Das ist die gute Nachricht. Versteht ihr?

FELIX Du bist Adolf. Rudolf-Adolf. Ich dreh durch. Ich dreh durch. Ich dreh total durch. Das gibt's doch überhaupt nicht.

ULLA Ich versteh das noch nicht. Das ist doch irgendein medizinisches Problem, nein?

RUDI Ich bin was?

THEO Du bist Rudi. Felix, du bist Felix. Bringt jetzt nicht alles durcheinander.

RUDI Ihr macht gerade verfickte Scheißwitze hier! Warum schaut ihr alle so merkwürdig? Warum sagst du so Sachen?

THEO Es ist doch nichts. Es tut absolut nichts zur Sache. Das weißt du doch! Das hast du doch schon im ersten Studienjahr gehabt, so was.

Ein Schaf taucht im Wohnzimmer auf.

FELIX Ich dreh durch. Ich bin du, sozusagen.

THEO Überhaupt nicht. Rudi, erklär's ihm.

RUDI Was denn?

THEO Dass er nicht ich ist. Das sind nur die Gene. Das ist nichts. Bei jeder Zellteilung entstehen Schreibfehler im genetischen Material, Veränderungen. Das kann man nicht verhindern.

FELIX *lacht* Fehlentwicklungen, ja?

THEO Nicht Fehlentwicklungen. Entwicklungen. Das Leben lebt eben und macht Sachen, auf die wir keinen Einfluss haben. Und deshalb bist du nicht ich, sondern du und umgekehrt.

RUDI Warte mal. Warte mal. Warte mal. Alles mit der Ruhe, ja?

THEO Genau.

RUDI Du sagst was?

THEO Dass alles gut ist. Im Grunde ist alles gut. Wenn wir das Gute wollen, dann sind wir zum Guten imstande. Das ist alles!

Eine Herde von Schafen dringt in den Living ein. Rudi grinst un-

gläubig in die Runde. Die anderen essen seltsam unberührt weiter.
Rudi steht auf und tritt auf die Terrasse.

RUDI Moment. Ich bin verrückt vermutlich. Das ist jetzt gerade alles
nicht. Oder sind die verrückt? Was ist, wenn die ganze Familie verrückt geworden ist gerade? Die ganze Welt? Ich bin Hitler? Ich bin
doch nicht Hitler? Das ist doch nicht möglich? Ich seh doch nicht
aus wie Hitler?

7

Rudi beruhigt sich wieder. Er kommt zurück in den Living. Stille.

RUDI Aber ...

THEO Felix. Rudi. Ich weiß, es ist ein Riesenschock für euch. Auch
für Ulla und Uschi sicher. Aber ich versprech's dir, ich versprech's
dir: Du wirst dich schneller erholen, als du denkst. Der Mensch hat
eine erstaunlich große Fähigkeit zur Integration und Adaptation
von neuen Gegebenheiten, das weißt du selbst sehr genau. Man gewöhnt sich an alles. Sogar ans Furchtbarste. Und das IST nicht das
Furchtbarste, im Gegenteil. Was ich sagen wollte, was ich euch mit
Freude mitteilen wollte, das ist, dass ihr beide, meine Söhne, ich
meine, ich habe euch jetzt vierundzwanzig Jahre lang beobachtet
... Und während all dieser Jahre habe ich in keinem von euch eine
Spur des Bösen keimen sehen. Im Gegenteil. Meine Theorie hat
sich bewahrheitet! Es gibt keine genetische Wurzel des Bösen!

RUDI Aber ... DAS IST DOCH KLAR! *Rudi greift nach einem Teller*
und schmeißt ihn zu Boden. DAS WUSSTEN WIR DOCH
SCHON IMMER!

Ein zweiter Teller kracht zu Boden. Ulla versucht Rudi beschützend
zu umarmen. Rudi stößt Ulla aber weg.

ULLA RUDI, Liebling. Liebling! Ich liebe dich doch!

RUDI Lass mich. Du bist nicht meine Mutter.

ULLA Ich liebe dich doch.

RUDI *zu Theo* DAS IST DOCH VÖLLIG FASCHISTOID, SO 'NE
IDEE!

Rudi zerschmettert einen weiteren Teller. Ulla versucht Rudi zu-
rückzuhalten. Mit einem Griff zwingt Rudi sie zu Boden und schleift

94 futur de luxe

*sie im Folgenden scheinbar mühelos mit, während er, mit einer Fla-
sche drohend, den zurückweichenden Theo durch den Living verfolgt.*

THEO Rudi. Das war alles nicht belegt. Also nicht sicher. Damals
wussten wir das nicht. Es ist … es ist unsere Geschichte, die uns
bestimmt, unsere Umgebung, unsere Wahrnehmung der Welt, die
bestimmen, wer wir sind und werden. Ihr habt in einer liebevollen,
offenen und aufmerksamen Familie gelebt … Ihr wart in den besten Schulen … ihr habt die beste Mutter, die's gibt …
Rudi lässt Ulla los. Ulla bleibt reglos liegen.
Ihr hattet den besten Vater, auch wenn ich streng war, manchmal,
ich war immer gerecht. Ihr habt euch in die richtige Richtung entwickelt. Schaut Uschi an, was aus ihr geworden ist. *Theo gibt ihr
einen sanften Klaps auf den Hintern.*

RUDI FASS-SIE-NICHT-AN!!! *Rudi verlässt den Raum in Richtung
Terrasse.* Fass sie nicht an. Fass sie nicht an. Fass sie nicht an …
*Während Rudi diese Worte wiederholt, wendet sich Felix an seine
Familie.*

FELIX Kann mir einer sagen, warum ich verdammt nochmal so tun
soll, als ob ich lebe? Ich hab kein Leben mehr. Ich hab's gesehen,
mein Leben. Ich hab meine Eltern gesehen. *Zu Ulla* Ich hab, als ich
zum ersten Mal onaniert hab, da hab ich an dich gedacht. Natürlich.
Zu allen Aber du kannst nicht in deine Mutter verknallt sein, das
geht nicht, auch wenn sie nicht deine Mutter ist, sondern deine Frau,
im Grunde, weil du schon länger mit ihr schläfst, als du überhaupt
am Leben bist, weil du ein Möbiusbandmensch bist, der immer wieder kommt, durch dieselbe Öffnung Gottes kommst du und gehst
und kommst. Aber du darfst nicht lieben, wohin du gehst, und du
kannst nicht lieben, woher du kommst. Ich meine, ich dreh durch
gerade. Nachdem ich vierundzwanzig Jahre lang versucht habe,
mich damit abzufinden, dass meine Mutter mich nur ausgetragen
hat, dass ich aber nicht wirklich mit ihr verwandt bin, dass … dass
meine leibliche Mutter eine Fremde ist, die irgendwo da draußen
rumläuft, nach vierundzwanzig Jahren also wird mir erklärt, dass
ich gar keine Mutter HABE! Ja? Dass ich das Resultat einer sim-
plen Vervielfältigung bin. Dass ich ein verwichstes Waisenkind bin
im Grunde, weil eigentlich meine GROSSELTERN meine Eltern
waren, diese beiden im Auffanglager, damals, dass ich aber einen

Zwillingsbruder habe, der vierzig Jahre älter ist als ich, der mich hergestellt hat und der mich deshalb erziehen konnte wie seinen eigenen Sohn. Und dass ich ganz nebenbei mit Adolf Hitler – beziehungsweise seinem Zwillingsbruder – aufgewachsen bin, weil das Familienoberhaupt beweisen wollte, ja, was eigentlich? Dass Adolf ein guter Jude hätte werden können? Oder was? Ich geh jetzt und dreh durch. Aber wohin soll ich gehen? Ich komm mit, wohin ich auch gehe. Ich bin todkrank. *Felix geht ab auf die Terrasse.*

8

USCHI Und wer bin ich?

THEO Du bist, wer du bist. Alle sind, wer sie sind. BRINGT JETZT NICHT ALLES DURCHEINANDER. Du bist völlig normal.

USCHI Du hast doch an mir rumgemacht.

THEO Was hab ich?

USCHI Du hast an meinem genetischen Code rumgemacht.

THEO Da warst du noch eine Ansammlung von Zellen, noch nicht mal ein Embryo. Was mischt du jetzt diese Sache da rein? Das war doch ein rein medizinischer Eingriff. Ohne den wärst du heute nicht hier, um mir diese Frage zu stellen, vielleicht.

USCHI Vielleicht? Was heißt vielleicht?

Rudi kommt zurück und bleibt in der Tür zur Terrasse stehen.

THEO Sicher, fast. Die Krankheit führt spätestens zwischen dem zwanzigsten und dreißigsten Lebensjahr zum Tod durch Ersticken.

USCHI Na und? Das war mein Schicksal! Das war eben mein Schicksal.

THEO Du kannst doch nicht verlangen, dass wir, dass ich und deine Mutter und deine Brüder zwanzig Jahre lang darauf warten, dass du gleich erstickst! Das ist doch kein Leben! Was ist das für ein Schicksal?

USCHI ES IST MEINS. Und es hat einen Sinn! Es hat einen Sinn, dass ich bin, was ich bin! Es hat einen Sinn, dass die Welt ist, wie sie ist. Es hat einen Sinn, dass die Bäume nach oben wachsen und nicht nach unten. Das ist doch klar, nein? Es hat einen Sinn, dass es in der Natur keine Öltanker gibt, die auf dem offenen Meer auseinander brechen und alles Leben vernichten!

96   futur de luxe

RUDI Es hat einen Sinn, dass du bist, was du bist. Und du bist eben
NICHT jemand, der zwischen zwanzig und dreißig ersticken wird.
Das hat einen Sinn! Ja.

USCHI Ach. Und es hat vermutlich auch einen Sinn, dass du Adolf
Hitler bist?

RUDI Ja! JA! Natürlich!

USCHI Natürlich. Natürlich. Das ist das Ende.

RUDI Nein. Uschi. Das ist der Anfang! Da müssen wir durch. Da müssen wir uns dran gewöhnen.

USCHI Aha.

Uschi lacht. Rudi ab.

THEO Das ist richtig, Uschi. Lach nicht.

USCHI Na, dann seid ihr euch ja einig, Gott und sein Geschöpf.

THEO Das hat doch mit Gott nichts zu tun!

USCHI Nein. Nicht wirklich. Was hast du NOCH an mir rumgebas-
telt, hm?

THEO Uschi.

USCHI Was? Woher hab ich diese Haare? Hm? Das hat doch hier niemand. Woher hab ich diesen Mund? Ich gleiche dir nicht. In nichts.
Ich gleiche auch Mama nicht. Was ist … vielleicht muss ich umgekehrt fragen: Was ist eigentlich echt an mir? Weißt du das noch?
Hast du das noch in deinen Akten?

THEO Alles. Uschi.

USCHI Was ist das, was ich dir hier sage? Ist das was? Ist das etwas,
was ich mir ausgedacht habe? Oder hast du das in mich reingeschrieben? Steht das auch auf irgendeinem Code drauf?

THEO Wenn du dich nur ein wenig für Wissenschaft interessiert hättest bisher, dann würdest du nicht solche unsinnigen Fragen stellen.

USCHI Ach! Bin ich nicht so, wie du mich gerne hättest?

THEO Doch, natürlich. Bitte.

USCHI Dann musst du dir diese Fragen gefallen lassen. Weil, ich weiß
darauf keine Antworten. Wie soll ich mich auf irgendwas verlassen, jetzt? Schau mal Mama an! Wer ist das? Ich gleiche ihr nicht!

ULLA Du gleichst meinem Vater wie ein Ei dem anderen. Das hab ich
dir schon hundertmal gesagt. Du siehst aus wie er, dieselben
Augen. Wenn dein Großvater eine Frau gewesen wäre, er wäre du
gewesen, ich meine, wie du wäre er gewesen.

THEO Das stimmt. Ich kannte deinen Großvater noch, Uschi.

USCHI Aber das ist doch nicht normal. Ich meine, wenn ich mich vergewissern will, ob ich ihre Tochter bin, muss ich ein altes Bild von ihr raussuchen. Eines aus der Zeit, als sie dich noch nicht kannte. Ich meine, was ist das? Erkennst DU sie noch? Was ist das? Ihr seid nicht bereit, in die Abgründe zu schauen, die das Leben ausmachen! Ihr seid nicht bereit, auf der Höhe der Sache zu sein!

ULLA Ach? Was seh ich denn in diesen Abgründen?

USCHI Du willst es nicht wissen.

ULLA Doch, bitte, sag's mir.

USCHI Die Erlösung.

ULLA Na prima. Von was?

USCHI Was?

ULLA Von was? Vom Leben?

USCHI Wir müssen lernen zu sein, was wir sind. Ich meine, es ist besser zu wissen, wer wir sind. Auch wenn es so schwierig ist.

THEO Na ja. Jetzt wissen wir's ja. Und wenn wir dann sind, was wir sind, was sollen wir tun?

USCHI Nichts. Wir müssen nicht immer was tun!

THEO Nichts tun, ja? Sterben?

USCHI Wir müssen lernen, uns zu beschränken. Ja. Auch sterben müssen wir lernen. Oder was IST das? Wie lange wollen wir denn behaupten, dass wir ewig leben können? Dass wir ewig jung sein können? Wie lange wollen wir uns denn der Welt zumuten? Wir sind doch alle unglücklich. Früher, da waren die Leute noch glücklich. Glücklicher als heute. Jeder musste zu seinem Sinn finden. Ein Leben in Wahrheit. Wer sagt dir, dass es gut ist, das menschliche Leben um hundert Jahre zu verlängern? Ja, sterben, das ist auch, sich selbst beschränken.

THEO Allerdings.

ULLA Du schlägst also vor, ich soll lieber sterben, ja?

USCHI Ihr verweigert jeden Dialog.

THEO Wer mich zum Sterben überreden will, darf nicht damit rechnen, dass ich mich mit ihm unterhalte.

ULLA Es wird langsam kalt hier. *Ulla schließt die Schiebefenster und zieht die Vorhänge zu.*

98   futur de luxe

9

Felix und Rudi begegnen sich auf der Terrasse. Rudi nimmt Felix die Zigarette aus der Hand und nimmt einen Zug.

FELIX Seit wann rauchst du?

RUDI Seit eben.
   Stille.
   Was schaust du so?

FELIX Nichts.

RUDI Du hast eben mehr Glück gehabt.
   Stille.

FELIX Was beklagst du dich so? Von deinem Original ist gerade mal ein Finger übrig geblieben. Ich hab hier meine grauenhafte Zukunft vor Augen!

RUDI Das lässt sich ändern.

FELIX Du bist wenigstens was Spezielles. Mich gibt's schon, und ich bin ein Vollidiot.

RUDI Mich gab's auch, und es war keine Erfolgsgeschichte.
   Stille.
   Wir sind voll die Gearschten.
   Stille.

FELIX Ich könnte ihn umbringen.

RUDI Wem sagst du das.
   Stille.

FELIX Aber echt.

RUDI Ja.
   Stille.

FELIX Ich könnte ihn echt umbringen.

RUDI Aber das geht nicht.

FELIX Was geht nicht?

RUDI Umbringen.

FELIX Nein?

RUDI Wie denn?
   Stille.

FELIX Hast du schon mal an so was gedacht?

RUDI Na klar. Jemanden umbringen? Hat doch jeder. Du etwa nicht?

FELIX Ja. Aber wirklich?

RUDI Nein.

Stille.

FELIX Wie sollen wir ihn denn umbringen?

RUDI Du spinnst doch.

FELIX Ich kann so nicht leben.

RUDI Ich auch nicht.

Stille.

Wie willst du ihn denn umlegen?

FELIX In kleine Scheiben schneiden. Mit dem Filetiermesser.

RUDI Und Ulla?

FELIX Was, Ulla? Die kann doch nichts dafür?

RUDI Entweder bringst du alle um, oder keinen.

Stille.

FELIX Ja. Aber Uschi …

RUDI Uschi macht mit. Die macht mit.

FELIX Die macht doch nicht mit. Du kennst doch Uschi.

RUDI Sie muss sich eben für eine Seite entscheiden. Entweder ist sie tot, oder sie tötet.

Stille.

FELIX Und dann?

RUDI Dann bring ich mich um.

FELIX Ja.

RUDI Die Familie Klein wird kleiner.

Beide ab in Richtung Esszimmer.

10

Die Szene ist als Projektion zu sehen.

Rudi und Felix betreten das Esszimmer. Felix nimmt ein Messer vom Tisch und sticht es ohne weitere Umschweife in Theos Bauch. Theo macht ein erschrockenes Geräusch und steht von seinem Stuhl auf. Rudi greift nach seinem Sportdegen und durchbohrt damit Ullas Brust.

FELIX Theo. Warte … Warte … Ich wollte dich noch was fragen, bevor du gehst. Hörst du? Warum bereitet der Tod so viel Lebensfreude? Weißt du das? Ich weiß es nicht. Keine Ahnung. Aber ich fühle mich gerade zum ersten Mal so richtig lebendig. Verstehst du?

100   **futur de luxe**

*Als Felix nahe genug an Theo ist, greift sich der röchelnde Theo
ein Messer auf dem Tisch und sticht es Felix mit einem schnellen
Stoss in die Brust. Felix bricht zusammen. Theo versucht noch was
auf die Frage zu antworten, stirbt aber, ohne ein verständliches
Wort über die Lippe zu bringen. Uschi hat inzwischen auch ein
Messer zur Hand. Sie sticht Rudi damit von hinten ab. Rudi geht zu
Boden. Uschi steht alleine und blutüberströmt in der Wohnung.*

USCHI Ich krieg echt klaustrophobische Zustände hier, heute. *Uschi
lässt die Jalousien hochfahren.*

11

Ulla hat inzwischen einen hysterischen Lachanfall gekriegt.

USCHI *zu Ulla* Mama! Mama!

RUDI ES IST NICHT LUSTIG!

*Ulla versucht sich zu beruhigen, es gelingt ihr aber nicht. Während
sie ihr Lachen versucht zu unterdrücken, macht sie Geräusche, die
sie immer wieder neu zum Lachen anregen.*

THEO Es reicht. Es gibt nichts zu lachen, hier.

FELIX *äfft Theo nach* Es reicht. Es gibt nichts zu lachen, hier.

THEO ES REICHT!

Ulla hält kurz inne, lacht dann aber weiter.

RUDI *zu Theo* Ich verstehe nicht. Wie konntest du mein Leben, ich
meine dein Leben, du hast auch dein Leben geopfert. Wie ist das
möglich.

THEO Ein Opfer für die Wissenschaft ist kein Opfer.

USCHI Mama. Hör auf!

FELIX Ich bring mich um. Was hältst du davon?

THEO Ich weiß nicht. Ich war als junger Mann nie so depressiv wie
du. Ich hab keine Ahnung, woher du das hast.

FELIX Du hast auch keine Bilder gemalt.

THEO Das ist die Frage nach dem Huhn und dem Ei.

FELIX Die Frage hast du doch beantwortet, nein? Gott war ein Huhn,
und dann kam Theo und sagte: Ein Huhn reicht für alle Eier der
Welt.

THEO Ja ja. Aber woher kam das Huhn?

futur de luxe 101

ULLA Welches Huhn denn?

FELIX Theo. Das nennt sich Monotheismus. Ich verstehe ja nicht, warum du und Ulla keinen Sex haben wolltet. Ich meine, das ist doch völlig krank. Ich finde sie jedenfalls von Tag zu Tag attraktiver, deine Frau. Und jetzt, wo ich du bin, versteh ich auch warum.

THEO Ja? Ja. Das ging mir auch so, als ich in deinem Alter war.

ULLA Danke. Wirklich. Dieser Abend ist wirklich … danke. Habt ihr vergessen, dass ich da bin? Wie könnt ihr so respektlos sein? Rudi, mach was.

RUDI Was denn? Was soll ich tun. Ich kann doch nichts tun, was nicht gegen mich ausgelegt wird, im nächsten Moment.
Ulla geht zu Rudi hin.

ULLA Ich leg nichts gegen dich aus. Du weißt doch … ich, es tut mir Leid, dass ich eben so gelacht hab. Aber es ist alles so absurd … *Lacht weiter.* Wie können wir denn jetzt weiterleben, zusammen? Das geht doch nicht.

THEO Ich hab's euch doch erklärt.

ULLA *weinend* Du hast uns nie geliebt. Du hast uns nie geliebt. Du hast uns NIE geliebt. Du hast mit uns gespielt, wie mit irgendwelchen Ratten! Ratten! Ratten! Ratten!

USCHI Mama. Es wird schon.

ULLA Wie mit Ratten!

THEO Beruhige dich. Ulla. Das ist doch … Was war ich denn für ein Ehemann? Was war ich für ein Vater? Was? Warum misst du die letzten fünfundzwanzig Jahre nicht an dem, was war? Warum ist dir wichtiger, was doch völlig unwichtig ist? Ich meine, dass ich etwas wusste, was ihr nicht wusstet, das ist doch egal! Das ist doch in jeder Beziehung so. Wir wissen doch alle was anderes! Ulla.

ULLA Du wusstest doch immer alles, alles.

THEO Na ja. Ganz alles wusste ich auch nicht.

ULLA Das hat nichts … ach.

RUDI Das kann er nicht wissen, ob er alles wusste.

THEO Das sind Sophismen. Ich hab jedenfalls immer versucht, der beste Vater zu sein, der ich sein konnte.

RUDI Ganz kühl betrachtet, war natürlich jeder deiner liebevollen Blicke falsch.

THEO Wie kommst du drauf?

ULLA Natürlich, weil er eben alles wusste!

RUDI Ich habe in deinen Blicken immer Zuneigung und Fürsorge gelesen ...

THEO Was denn sonst?

RUDI Ja. Den Stolz des Vaters, wenn sein Sohn eine gute Leistung erbringt und so weiter. Aber das war's nicht.

THEO Natürlich war's das!

RUDI Nein. Nein. In deinen Blicken war selbstverständlich etwas, wovon ich keine Ahnung hatte. Da war das forschende Auge, das nach dem Adolf in mir Ausschau hielt. Ist er's? Ist er's nicht? Das faszinierte Forscherauge. Natürlich, das ist egal. Es ist egal! Ich wusste es ja nicht. Aber ich schwör's dir: Es ist zum Kotzen zu wissen, dass du nie eins zu eins mit mir sein konntest.

THEO Ich war doch eins zu eins.

FELIX Stimmt. Er war eins, und ich war eins.

RUDI Zu wissen, was ich für dich war, das ist, das ist ...

THEO Du warst, ihr wart immer meine Kinder. Der Vater beobachtet seine Kinder immer mit einem stolzen und ängstlichen und verwunderten Auge zugleich. Ein Kind, das ist ein Wunder. Ein Wunder des Universums! Und ein Klon, ein Klon ist zudem ein Wunder der Wissenschaft ...

ULLA Aber, wie konntest du ... wie konntest du Menschen klonen? Und noch dazu solche!

THEO Solche? Was hast du an Felix und Rudi auszusetzen?

ULLA Du machst Witze. Wie kannst du Witze machen? Felix ist wie du, als du jung warst, du kannst dich vielleicht nicht erinnern ...

THEO Nein. Er ist nicht »wie ich«, Ulla. Felix ist ein Wesen mit einer eigenen Persönlichkeit.

FELIX Ich bin ein Wesen. Super.

ULLA Und Rudi ... und Rudi ist ... das kann nicht sein ...

THEO Ulla. Du hattest doch nie viel an deinen Söhnen auszusetzen. Also fang jetzt nicht damit an. Warum ist dir der Zufall lieber als eine bewusste, rationale Tat? Warum ist es dir lieber, wenn aus einer Horde von Abermillionen Spermien eines PER ZUFALL die Eizelle befruchtet? Was ist so gut am Zufall? Ist das die intelligenteste Art der Entscheidungsfindung im Universum? Münzen werfen?

USCHI Gott würfelt nicht! Weißt du, wer das gesagt hat? Einstein! Einstein hat das gesagt. Und das wird er dir wieder sagen, wenn du ihn klonst.

futur de luxe   103

RUDI Das mag sein, dass Gott nicht würfelt. Aber warum soll uns das interessieren?

ULLA Gott ist tot.

RUDI Ja. Entweder er ist, wie so viele behaupten, tot und kann deshalb auch nicht würfeln ... oder er spielt mit uns Schach und dann, dann hat er auch Theos Hand geführt.

Ulla beginnt, sich um die herumliegenden Scherben zu kümmern, sie sammelt sie aber nicht auf, sie ordnet sie zu Mustern, betrachtet die Bruchstellen und schneidet sich dabei nach und nach die Hände blutig, was sie aber nicht weiter zu bemerken scheint.

THEO Gott ... Gott hat dem Menschen befohlen, sich die Erde untertan zu machen.

USCHI Aber doch nicht sich selbst. Du machst den Menschen zum Versuchstier. Was haben deine hirnrissigen Experimente für einen praktischen Zweck? Welcher Zweck heiligt denn diese Mittel?

THEO Der Zweck ist, der Menschheit einen Dienst zu erweisen.

USCHI Indem du Hitler klonst?

THEO Indem ich zeige, dass ein geklonter Hitler nicht mehr Hitler ist. Indem ich zeige, dass wir frei sind zu sein, was wir wollen. Und indem ich Kinder habe. Indem ich dem Guten und dem Bösen auf die Spur komme.

FELIX Was für ein Gutes? Was für ein Böses? Was ist das für ein binäres Denken? Das haben wir doch seit mindestens zweihundert Jahren hinter uns! Gut und Böse! Das ist doch absolut lächerlich! Peinlich ist das.

THEO Wie willst du denn überleben, wenn du das Gute nicht vom Bösen unterscheidest?

FELIX Was hat das mit Überleben zu tun?

THEO Sehr viel. Weil du täglich Entscheidungen fällen musst, um zu überleben. Gehe ich nach links oder gehe ich nach rechts. Urteilsvermögen hat sehr viel mit Überleben zu tun. Wenn du das Böse nicht erkennst, wirst du ihm nicht ausweichen und daran zugrunde gehen. Wenn du das Gute nicht erkennst, wirst du ebenfalls bald tot sein, weil du nicht nach ihm strebst.

USCHI Gott sagt, was gut und böse ist.

FELIX Aber ich lebe doch noch.

THEO Natürlich. Du wirst mir auch nicht weismachen können, dass dir dein Leben gleichgültig ist und dass dir jegliches Urteilsvermö-

104 futur de luxe

gen fehlt. Wäre das der Fall, es würde sich bei dir um eine neue Spezies handeln. Eine Sackgasse der Evolution allerdings. So wie ich mich aber kenne, BIST du keine neue Spezies.

FELIX Es gibt doch nicht nur Schwarz und Weiß. Es gibt Grauwerte. Millionen von Grauwerten.

THEO Ja ja. Aber du musst dich jeweils für einen entscheiden. Alles gehört entweder auf die eine oder die andere Seite, ist eher gut oder eher schlecht.

FELIX Es gibt keine schlechten Farben.

THEO Du verwechselst »Bilder malen« mit »Leben gestalten«.

ULLA Felix gestaltet keine Leben, im Gegensatz zu dir.

USCHI *zu Theo* Zu welcher Seite gehörst du denn? Zu welcher Seite gehört jemand, der seine Nächsten betrügt und sie anlügt und sie missbraucht?

RUDI Aber … aber … Er hat uns doch nur angelogen, um uns zu schützen, nein?

THEO Natürlich.

USCHI Ihr seid euch einig, ja? Du und Hitler.

Rudi schlägt Uschi ins Gesicht. Sie stolpert und fällt.

Dann ist ja alles klar, mit den Seiten.

THEO Was war das?

RUDI WAS WAR WAS? ES NENNT MICH HIER KEINER HITLER! AUCH USCHI NICHT!

FELIX Hey, cool … Alles cool.

Rudi ab.

12

Die Szene ist als Projektion zu sehen.
Rudi im Treppenhaus. Er bindet einen Strick ans Geländer des Treppenabsatzes. Uschi erscheint plötzlich neben ihm. Sie nimmt ihm den Strick aus der Hand, berührt ihn sanft an der Wange und geht mit dem Strick wieder ab. Rudi folgt ihr.

13

Ulla, Theo und Felix im Living.

ULLA Du hast doch immer gesagt, dass dir die Schönheit was bedeutet. Dass es sich nur lohne, für das Schöne zu kämpfen. Aber was hat das mit Schönheit zu tun? Das verstößt doch gegen alle Regeln der … der Natur. Wie war der Satz, den du immer zitiert hast? »Wer die Natur beherrschen will, muss ihre Regeln befolgen.« Aber das tust du doch nicht. Das kommt doch nicht vor, so was, in der Natur.

THEO Offensichtlich kommt es vor. Sonst könnten wir uns nicht so streiten, heute Abend.

ULLA Ich verstehe Felix. Er kreiert etwas. Du kreierst nur Chaos um dich rum. Der Mensch kopiert nicht. Und schon gar nicht Menschen. Er macht was Neues! DAS ist schön. Das ist menschlich! Klein-Frankenstein macht uns eine Kopie von Einstein. Das ist monströs.

THEO Frankenstein, ja? Du operierst doch mit deinem FRANK seit über zwanzig Jahren an dir rum, auf der Suche nach einer Idealform. Anstatt dich um die Inhalte zu kümmern. Was erzählst du mir da?

FELIX Um die »Inhalte« hast du dich ja gekümmert.

Uschi und Rudi kommen zurück.

THEO *zu Felix* Werd du mal erwachsen.

ULLA DU … du wolltest das so. DU hast mich zu Frank geschickt.

THEO Natürlich. Und es war offenbar nicht falsch. Du hast Gefallen daran gefunden.

ULLA Ich bin da hin, weil ich dir gefallen wollte. Weil ich verletzt war.

THEO Ja. Und dann bist du wieder da hin und wieder da hin. Und warum? Du bist da hin, weil du Frank gefallen wolltest. Deinem Bildhauer.

ULLA Zumindest hast du mich nie davon abgehalten. Es war dir sehr recht, dass ich repräsentativ aussehe an den Kongressen.

THEO Ja, bloß irgendwann hat man mich gefragt, ob ich meine Tochter mitgenommen habe.

ULLA Wer hat das gefragt?

THEO Weiß nicht. Schnabel, vermutlich.

106 **futur de luxe**

ULLA Schnabel? Der aus São Paulo?

THEO Ja.

ULLA So was. Wann war das?

THEO In Rom.

ULLA Ich mag diesen Schnabel. Stellt euch vor, wir waren einkaufen, Uschi und ich, und die Kassiererin hat geglaubt, wir seien Schwestern.

USCHI Ja. Wahnsinn. Das hast du schon mal erzählt. Du siehst aus wie dreißig, aber du wirst senil.

ULLA Was denn? Das hat mich gefreut! In meinem Alter ist das schön. Ich bilde mir ja nichts ein drauf. Aber …

USCHI Merkst du denn ÜBERHAUPT nicht, was hier gerade los ist?

ULLA Kannst du nicht mal mithelfen, die Lage zu beruhigen?

USCHI Ach. Du beruhigst hier gerade die Lage, ja?

ULLA Warum glaubst du, dass du irgendwie besser bist als irgendjemand hier?

USCHI Ich weiß zumindest noch, wer ich bin und was meine Wurzeln sind.

ULLA NEIN!

USCHI Was nein?

ULLA Nein, das weißt du nicht. Reiß dich zusammen. Nimm dir an Rudi ein Beispiel. Er hat die Größe, sich der Sache zu stellen. Er feixt nicht herum wie eine wild gewordene Ente. Er hat seine Emotionen im Griff. Das zählt.

USCHI GOTT! Gott zählt.

ULLA Gott zählt. Was zählt er denn, seine Schäfchen? Du bist doch völlig vom Wahnsinn umzingelt! Was ist denn mit dir? Woher nimmst du nur diese sektiererische Ader in dir? Von mir hast du die nicht!

FELIX Von Theo vielleicht? DER will doch die Menschheit retten. DER umgibt sich doch so gerne mit seinesgleichen.

ULLA Von Theo nicht. Das garantiere ich dir.

THEO Lass sie. Lass sie. Sie wird selber drauf kommen, irgendwann.

ULLA Worauf? Wer ihr Vater ist?

THEO Ulla, bitte.

USCHI Ich weiß, wer mein Vater ist. Danke.

ULLA Du weißt, wer dein Vater ist?

USCHI Das hat sich doch heute zur Genüge gezeigt. Nein? Und wer meine Mutter ist, ahne ich auch, zumindest seh ich, wer sie nicht ist. Mir wird echt schlecht.

ULLA Es wird dir schlecht, ja?

USCHI Ja. Es macht mich krank. Du bist eine Konstruktion. Du bist niemand mehr. Schon lange nicht. Mehr brauch ich nicht zu wissen. *Ulla lacht.*

ULLA Deine Selbstgerechtigkeit ist unglaublich. Woher hat sie das? Dieses Mistvieh. Diese herablassende Art? Seit Jahren! Willst du wissen, wer du bist?

THEO Ulla. Bitte! Reiß dich zusammen, verdammt!

ULLA Was denn?

THEO Das hat doch keinen Sinn jetzt.

ULLA Mein Gott! Was ist schon dabei? Das kommt in den besten Familien vor. Uschi hat doch auch ein Anrecht zu wissen, was ist, nein?

USCHI Was, was ist? Was soll denn NOCH sein?

RUDI Mama! Ich glaube, es wäre gut, wenn wir etwas zur Ruhe kämen jetzt.

ULLA Ich bin doch ruhig. Ich bin völlig ruhig.

RUDI Ich will jetzt auch nichts hören, mehr. Ja?

USCHI Sagt mir einer was? Was ist? Bin ich die Einzige, die nichts weiß, oder was?

ULLA Ja. Und du benimmst dich, als hättest du die Weisheit mit Löffel gefressen.

THEO Ulla.

USCHI *zu Rudi* Du weißt es. Was ist? *Zu Felix* Was ist?

FELIX Keine Ahnung. Aber meine Zukunft, die weiß es. Das seh ich ihr an.

USCHI Dreckshaufen.
Stille.

ULLA Er ist nicht dein Vater.

THEO Ulla …

USCHI Was?

THEO Hör nicht auf sie. Natürlich bin ich dein Vater. Ulla, du bist … wie kannst du …?

ULLA *zu Uschi* Und weißt du was? Dein richtiger Vater ist nicht mal Jude.
Stille.

108   **futur de luxe**

USCHI Was sagst du da?

ULLA Ich versuche dir nur zu zeigen, dass deine Arroganz völlig fehl am Platz ist.

FELIX Bingo. Jetzt fehlt noch, dass Theo von Marsmenschen abstammt, und wir sind komplett. The Munsters … das Ende der Diaspora.

Rudi versucht, Uschi in die Arme zu nehmen. Uschi weicht ihm aus.

THEO Uschi, ich kann dir alles erklären. Ich kann euch alles erklären.

FELIX Wir wurden von Aliens ausgesetzt, das ist es, auf einem feindlichen Planeten! Wir sind Aliens! Jetzt ist alles klar!

RUDI Uschi.

USCHI FASS MICH NICHT AN. Du hast es gewusst!

RUDI Ich hab's eben erst gehört. Eben erst. Ich hab erst nicht verstanden, worum's geht … ich hab erst später …

USCHI Wer ist mein Vater?

FELIX *lacht* »Wer ist mein Vater!«

USCHI WAS?

FELIX Na ja. Bis vor kurzem dachte ich, ich wär dein Vater. Jetzt bin ich enttäuscht. Immerhin hab ich meine Mutter gefickt und meinen Bruder gemacht. Immerhin. Nein?

Stille.

Ja. Was?

ULLA Frank.

USCHI Der Typ, der dich gemacht hat?

ULLA Der dich gemacht hat. Frank, der Freund von deinem … von Theo.

USCHI Das Chirurgenekel? *Zu Theo* Komm mir nicht zu nahe. Ihr seid alle so widerlich. Ihr seid widerlich.

ULLA Wach auf. Du wirst erwachsen.

USCHI O Gott.

ULLA Der ist nicht da. Das ist die Welt, hier. Mach damit, was du willst. Aber erzähl mir nichts von Gott. Ich hatte mit Frank eine Geschichte. Und es war eine schöne Geschichte. Und du bist sein Kind. Und es war eine schöne Geschichte.

THEO Ich habe Ulla sehr geliebt. Aber ich war Tag und Nacht im Labor. Und Ulla, Ulla war eine schöne Frau.

ULLA Lass doch die Schnörkel weg, ja?

THEO Und ich hatte diesen Studienkollegen, Frank. Jedenfalls, als

Ulla damals diesen furchtbaren Fahrradunfall hatte, als sie damals ihr halbes Gesicht auf dem Asphalt hat liegen lassen, da hat Frank schon praktiziert. Er hat also Ulla operiert und gepflegt und, und so weiter.

ULLA Das ist ja egal jetzt.

FELIX Neinein. Das ist doch spannend.

THEO Ja. Jedenfalls ist Frank … ich mochte ihn eigentlich. Er ist … begabt. Kurz: Er hat Ulla ein Kind gemacht.

FELIX Blödsinn.

THEO Ja, das war ein Blödsinn. Weil Frank dem Kind dabei eine Erbkrankheit angehängt hat.

ULLA Frank hat dir gar nichts angehängt. Mach ihn jetzt bloß nicht schlecht vor Uschi.

Uschi will aufstehen. Theo hält sie zurück.

THEO Uschi, warte. Bitte. Liebes. Ulla. Ich mach ihn nicht schlecht. Wirklich nicht.

ULLA ICH hab ihr diesen Defekt verpasst, nicht Frank.

THEO Nein. Warte.

ULLA Was denn?

Stille. Theo zögert.

THEO Ich hab dir damals erzählt, dass dein genetischer Defekt sich auf alle deine Kinder übertragen wird. Aber das ist nur so, wenn dein Partner per Zufall denselben Defekt hat.

ULLA Und?

THEO Und ich hab den nicht. Frank ja. Ich nicht.

ULLA Aber … aber …

THEO Wenn du mich nicht mit Frank betrogen hättest, ich wäre vermutlich nie auf die bescheuerte Idee gekommen, dir die Geschichte mit dem genetischen Defekt so aufzutischen. Aber dann, ich hatte fast keine Wahl: Ich wollte ja nicht, dass Frank, diese Null, dass Frank als Uschis Vater anerkannt wird. Verstehst du? Wenn ich dir gesagt hätte, dass wir Kinder haben können, das wäre ein indirekter Beweis für Franks Vaterschaft gewesen. Das wollte ich nicht.

USCHI Das stimmt doch alles nicht. Das stimmt doch alles überhaupt nicht.

ULLA Aber … Felix und Rudi … Wir hätten ganz normale Kinder haben können? Wir hätten ganz normal …

THEO Sie SIND doch normal. Einer normaler als der andere.

110 **futur de luxe**

FELIX Ich bin normaler, nein?

Stille. Felix schaltet den Fernseher an und zappt durch die Programme. Er bleibt bei einer Reportagesendung hängen. Interviews mit Passanten auf der Straße zum Thema Mann, Frau und Universum. Plötzlich erscheint Olga und antwortet auf die Fragen des Journalisten. Felix kann es kaum fassen.

Olga ... Da ist Olga. Euer Dienstmädchen. Die ist im Fernsehen. Was macht die da? *Lacht.* Die gibt ein Interview. Die labert was über Genetik ...

Ulla steht plötzlich auf und packt ihre Sachen.

THEO Was machst du?

ULLA Ich gehe. Ich gehe.

14

Ulla verlässt den Raum.

RUDI Warte, Ulla ... *Rudi folgt ihr.*

THEO RUDI!

Ulla und Rudi verschwinden.

RUDI *off* Warte, ich mach dir auf.

ULLA *off* Lass mich. Mach auf!

RUDI *off* Warte. Warte. Scheiße. Oh. Schau mal. Der Schlüssel.

ULLA *off* Was machst du? Mach das raus, verdammt. Felix. Er hat den Schlüssel abgebrochen.

RUDI *off* Das tut mir Leid. Echt. *Rudi kommt zurück, schließt im Folgenden auch die Terrassentüren ab und steckt die Schlüssel in seine Tasche.* Hab den Schlüssel abgebrochen in der Aufregung, ist gebrochen. Im Schloss.

FELIX Schwierig, Schlüsseldrehen, was?

RUDI Tut mir Leid. Ja. Wir kommen hier nicht raus, so schnell.

Ullas verzweifelte Schreie. Felix eilt zur Haustür.

Weißt du. Was du getan hast, ist natürlich ... es ist schon das Ende von allem. Aber dass du es hier auch noch rauslässt, plötzlich, heute. Das ist nochmal ... DAS ... ist der Gipfel. Dass du es rauslässt.

THEO Es ist die Wahrheit. Es ist die Wahrheit. Du suchst doch die Wahrheit genauso wie ich, Rudi. Genauso wie ich.

futur de luxe   111

Stille. Ulla kommt zurück.

RUDI Ich hab ein Leben.

THEO Natürlich.

RUDI Ich bin jemand.

THEO Natürlich.

RUDI Und ... Ich lasse mir das nicht wegnehmen. Ich lasse es nicht zu, dass jemand da draußen rumläuft und mir in mein Leben pisst! Ich hab ein verdammtes Recht auf mein Leben und auf ... das, was ich bin!

THEO Natürlich. Selbstverständlich! Das ist die richtige Haltung.

RUDI Ja. Und wer kann mir garantieren, dass ihr den Mund halten könnt?

THEO Was meinst du, den Mund halten?

RUDI Niemand. Du kannst es nicht. Wie heißt dein Vortrag? Dieser Vortrag, an dem er seit Wochen arbeitet? Ulla!

ULLA Weiß nicht. »Die Wurzeln« irgendwas.

RUDI WIE HEISST DEIN VORTRAG?

THEO »Die Wurzeln des Guten«.

Felix kommt zurück.

RUDI Die Wurzeln des Guten.

FELIX Was?

RUDI Sein Vortrag für den Bioethik-Kongress: »Die Wurzeln des Guten«. Er will der ganzen Welt verkünden, dass du er bist.

THEO Sie würden mich einsperren.

RUDI Vergiss es. Der Ethikrat wird heute Nacht grünes Licht geben. Das weißt du so gut wie ich.

THEO Aber ich kann doch nur was sagen, wenn ihr hinter mir steht. Sie würden mich einsperren.

FELIX Wir stehen alle vor dir und sind eingesperrt. Wir sind eingesperrt.

THEO Mein Gott! Können wir nicht zur Ruhe kommen?

RUDI Zur Ruhe?

THEO JA! Zur Besinnung. Uschi. Komm. Kleines. Komm. Wir setzen uns an den Tisch, und du sprichst ein Gebet. Kommt.

Uschi setzt sich. Aber Rudi ist wütend.

RUDI ICH WERDE KEIN LEBEN LEBEN, MIT DEM ICH NICHTS ZU TUN HABE.

FELIX Na ja. Nichts ... Wisst ihr, was mir auffällt gerade? Wenn ich

euch jetzt hier abschlachten würde, mit dem Filetiermesser zum
Beispiel, das würde total passen. Das würde total passen, und DAS
ist beängstigend. Oder, Rudi?
Ulla schlägt Rudi und Felix plötzlich mit aller Kraft ins Gesicht.
Die beiden stolpern seitwärts weg.

THEO Ulla. Was war das?

RUDI Die zionistische Verschwörerbande hat zugeschlagen. Schlagen
wir zurück. Felix. Hilf mir.

THEO Rudi. Bitte. Wie kannst du dich auf dieses Niveau herunter-
lassen ...
Rudi hält Ulla, Felix übernimmt. Ulla schlägt wild um sich.

ULLA Ich will raus hier. Lass mich raus. Theo, tu was!

RUDI Genau. Theo tut jetzt was. Er schreibt jetzt was auf hier. Los-
loslos.

ULLA Ich will raus hier.

RUDI KEINER GEHT NIRGENDWOHIN!

USCHI O Gott. Ich ruf die Feuerwehr.

RUDI Du rufst niemanden. Keinen Gott und keine Feuerwehr. Du
hilfst mir jetzt hier bei dieser Sache. Ich werde nicht als Rudolf
Klein-Hitler in die Geschichte eingehen.

USCHI Felix ...

FELIX Ich will auch nicht eingehen. Auch in keine Geschichte.

USCHI *zu Felix* Ich ruf die Feuerwehr, ja?
Uschi geht zum Telefon, aber Rudi kommt ihr zuvor, nimmt den Hö-
rer und versteckt ihn in seiner Hosentasche.
Gib her! Gib den Hörer her!

RUDI Papier, Theo. Ein Papier.

THEO Beruhige dich!

RUDI RUHE!

ULLA RUDI! Was fällt dir ein? Wie sprichst du mit deinem Vater?

RUDI Er-ist-nicht-mein-Vater. Er hat mir mein Leben genommen. Felix, pass auf sie auf.

THEO Ich hab dir dein Leben gegeben. Und ich höre mir so was kein
zweites Mal an.

RUDI Du hast mir eins genommen und eins gegeben, so kann man's
auch sehen.

THEO Ich hab dir was gesagt, was du noch nicht wusstest, wie kann
dir das dein Leben nehmen? Wirf dein Hirn an. Es hat doch bisher
funktioniert wie nichts!

futur de luxe 113

FELIX RUHE!

THEO Felix, was ist mit dir?

RUDI Ruhe.

FELIX RUHE! RUHE!

RUDI Papier. Ulla. Geh Papier holen! Ich will was aufschreiben.

ULLA Hol's dir doch selber.

RUDI NEIN! Du-gehst-Papier-holen.
   Ulla geht Papier holen.
   HALT! Wohin gehst du?

ULLA Papier holen.

RUDI Ach so. Du hast nicht gesagt, wohin du gehst.

ULLA Ich geh Papier holen.

RUDI Beeil dich. Theo, setz dich.

USCHI Wie redest du …?

RUDI Theo schreibt jetzt ein Geständnis. *Zu Theo* SETZ DICH! Er
   schreibt ein Geständnis. Was er uns angetan hat, allen …

THEO Was willst du damit? Was soll das?

RUDI RUHE!

USCHI Ich kann echt ohne so was leben.

RUDI Genau. Genau. Ich auch. MIT so was können wir alle NICHT
   leben. Du nicht. Felix nicht und ich schon gar nicht. Das hat sich
   jetzt gezeigt.
   Ulla kommt mit einem Bogen Papier zurück.
   Na endlich. Wo warst du so lange? Theo schreibt jetzt hier vor uns
   was auf. Leg's ihm hin. Leg's ihm hin.

ULLA Was wird das?

RUDI Theo hat uns alle betrogen, wie es sich für einen Juden seines
   Schlags gehört und jetzt …
   Theo steht wütend auf.

THEO Vergiss es. Ich spiele dein widerliches Spielchen nicht mit.
   Wenn du dich nicht in den Griff kriegst, sofort, dann werde ich sehr,
   sehr wütend.

RUDI Was denn für Spielchen?

THEO Ich versteh schon. Du willst uns hier den Adolf markieren, um
   mich bloßzustellen, aber ich spiele bei so was nicht mit. Es ist unter
   meiner Würde, solche Geschmacklosigkeiten über mich ergehen zu
   lassen, in diesem Haus. Vergiss es. Es ist gesagt, was gesagt werden musste, und damit hat sich's. Ich schlage vor, wir treffen uns

114 futur de luxe

wieder, wenn alle mit sich selbst im Reinen sind. Wir haben alle an
was rumzukauen gerade. Wir brechen hier ab.

RUDI Aber das ist doch genau, was ich vorhabe. Wir brechen hier ab.

ULLA Was redet ihr da?

RUDI Eine Wiedergutmachung. Hier ist ein Kugelschreiber. SETZ
DICH! SETZ DICH! ICH WARNE DICH!

*Rudi wirft einen weiteren Teller zu Boden. Theo, verängstigt vor so
viel Entschlossenheit, setzt sich.*

Ich diktiere ... du schreibst. Ich, Theo Klein ...

Stille.

ICH, THEO KLEIN!

Theo schreibt widerwillig.

Ich, Theo Klein, bekenne mich des folgenden Verbrechens für
schuldig ...

ULLA Rudi, das geht nicht. Das geht nicht.

RUDI BEKENNE MICH DES FOLGENDEN VERBRECHENS ...!

Theo schreibt.

Verbrechens für schuldig: Ich habe mich während meines ganzen
Lebens nie ...

Theo hält inne.

THEO Was soll das werden?

RUDI Ein Abschiedsbrief.

THEO Du hast sie wohl nicht alle.

RUDI Das kann sein. Weiter ...

THEO Ich will einen besseren Stift.

RUDI Der reicht.

THEO Ich kann damit nicht schreiben. Uschi, Kleines ... holst du mir
aus meinem Schreibtisch meinen Stift, ich kann mit diesem Ding
nicht schreiben. Bitte ... Aus der Schublade oben rechts. Ja? Da ist
ein Stift.

Uschi will raus.

RUDI Moment. Ich hol ihn dir.

THEO Nein. Lass Uschi gehen, ich schreib solange ...

Rudi hält Uschi zurück.

RUDI Nein. Uschi bleibt hier und schaut, dass du keine Dummheiten
machst. Felix, schaust du, dass Uschi keine Dummheiten macht?
Gleich wird's lustig. Unser Schöpfer wird uns gleich was aufschreiben. *Entweder sehen wir an dieser Stelle Szene 3 noch einmal, dies-*

*mal aber nicht als Projektion, oder aber Rudi hält inne. Zum
Publikum* Moment. Die Stelle hier, die kennen sie ja schon. Das
spulen wir jetzt mal vor.
Szene 3 im Schnelldurchlauf.

15

Fortsetzung von Szene 3.

RUDI Los, weiter. Wo waren wir? *Rudi wirft einen Blick auf Theos
Blatt.* Ja. Ich habe mich während meines ganzen Lebens nie ... Bereit? Ich habe mich ... während meines ganzes Lebens .... nie ...
nie vollständig ... von meinem Glauben ... losgesagt. Dies, OB-
WOHL mein Glaube, wie jeder religiöse Glaube ...
Rudi diktiert zu schnell, und Theo schreibt nicht mehr mit.
... auf mystischer Verklärung der Realität basiert. Ich hab mich nie
losgesagt, obwohl mir immer ABSOLUT bewusst war, dass jeder
Glaube im Grunde eine Ideologie ist, eine dogmatische Weltsicht,
durch die über Jahrtausende Abermillionen von Menschen in geis-
tige Umnachtung gestürzt, ja, im Konflikt mit ebenso umnachteten
Andersgläubigen gänzlich ins Verderben getrieben wurden. Ich
habe mich nie vollständig von meiner Ideologie losgesagt, weil ich
nicht fähig war, mit der Tradition meiner Ahnen zu brechen, weil
ich sentimentale Ausreden hatte, aber insbesondere weil ich im
tiefsten Innern vom Bösen getrieben war, von der Angst, mich dem
Leben alleine nicht stellen zu können. Weil ich im tiefsten Innern
entgegen allem Anschein eine kollektivistische Weltsicht vertreten
habe, weil ich im tiefsten Innern das Kollektiv über das Individu-
um gestellt habe und bereit war, mich und mein Glück für ein ab-
straktes Glücksversprechen, für das zukünftige Glück der Menschheit zu opfern. Obwohl mein Glaube auf der rassistischen Utopie
eines auserwählten Volkes basiert und obwohl mir dieser Aspekt
meines Glaubens immer ganz besonders widerwärtig war, habe ich
mich nicht losgesagt, weil ich meinen Glauben für den besten aller
Möglichen gehalten habe und es auch heute noch tue, für den
freiesten, für den menschlichsten und für den aufgeklärtesten.
Aber heute wird mir bewusst: Anstatt das Gute zu verteidigen, die
Vernunft, die Wahrheit, habe ich das kleinste Übel gegen die Grö-

116   futur de luxe

ßeren verteidigt. Und das, obwohl ich wusste, dass dieser Kampf
nicht gewonnen werden kann, dass ich mit einem kleineren Übel
letztlich nie gegen das größere gewinnen kann. Obwohl ich wusste, dass es eine richtige Seite gibt und dass die falsche Seite nicht
gewinnen kann, weil der Mensch ist, wie er ist, nämlich gut. Weil
das Leben leben will. Weil das Leben auf keinen Messias wartet,
der es von sich selbst befreit. Weil das Leben gut ist. Weil der
Mensch gut ist. Und obwohl ich das alles wusste, habe ich ein Leben lang dem Tod nachgegeben, der in mir lauerte, ich hab ihm
einen Platz in meinem Herzen gegeben, und ich hab es zugelassen,
dass er sich darin breit macht, meine Familie zersetzt, meine Frau,
meine Kinder, aber noch viel schlimmer: mein Denken. Ich bin den
Maximen der größten Verbrecher aller Zeiten gefolgt, ich habe
mein Leben einer Abstraktion, einer Ideologie geopfert. Ich habe
für ein Jenseits gelebt, von dem ich nichts weiß. Und deshalb zie-
he ich heute die Konsequenzen aus meinen Fehlern. Hast du's?
Hast du mitgeschrieben?

THEO Nein.

Stille.

RUDI WARUM NICHT? Stille. *Rudi legt die Pistole ab.* Okay, es
ging dir zu schnell. Aber du hast gehört, was ich dir gesagt habe?
Stille.

THEO Was willst du tun?

RUDI Ich will, dass du dich entscheidest.

THEO Was denn? Ich verstehe nicht.

RUDI Zwischen dem einen und dem anderen. Ich will, dass du dich
entscheidest.

THEO Wie?

RUDI Schreib: Ich schwöre hiermit ... Schreib ...

Theo schreibt.

Ich schwöre hiermit ... meinem Glauben ... für immer ab. Ich ver-
spreche ... in Zukunft ... nur und ganz ausschließlich ... nach meinem eigenen, persönlichen Glück ... auf dieser Erde ... zu streben.
Lies vor.

Stille. Theo liest vor.

THEO Ich schwöre hiermit meinem Glauben für immer ab. Ich ver-
spreche, in Zukunft nur und ganz ausschließlich nach meinem
eigenen, persönlichen Glück auf dieser Erde zu streben.
Stille.

Und jetzt?

RUDI Und jetzt unterschreib das. Oder lass es sein. Aber ich will, dass du dich entscheidest, hier, vor uns allen.

THEO Rudi ... ich ...

RUDI Wenn du überzeugt bist, dass dein persönliches Glück in der Achtung einer höheren Instanz besteht, wenn du in deinem Leben also nicht erwachsen werden willst, dann unterschreib nicht. Wenn du glaubst, dass es dich glücklich machen wird, weiterhin irgendeine Ideologie als Entschuldigung für deine Taten vorschieben zu können, wenn du glaubst, dass es dich glücklich machen wird, an diesem Kongress dein fünfundzwanzig Jahre altes Geheimnis zu lüften, dann wirf dieses Papier weg und geh.

Stille.

Aber wenn du überzeugt bist, dass es dich glücklich macht, dich nur noch dem zu widmen, was ist, und nicht dem, was nicht ist, eine Familie zu haben und zwei Söhne mit einem normalen Leben und eine glückliche Tochter und eine Frau, die dich liebt, dann unterschreib das. Dann unterschreib.

Stille. Theo bricht in Tränen aus. Er unterschreibt. Felix macht Ulla los.

Los, wir unterschreiben alle. Das ist unsere Charta. Ulla?

ULLA Du bist völlig verrückt.

RUDI Was ist? Unterschreibst du?

ULLA *zu Theo* Gib her.

Uschi erträgt den elenden Anblick ihrer Eltern nicht. Sie wirft sich auf Rudi und schlägt ihn mit aller Kraft.

USCHI NEIN! NIE! NIE! DU WIRST UNS NICHT BEFEHLEN, WAS WIR ZU GLAUBEN HABEN! WIE KÖNNT IHR DAS TUN? WIE KÖNNT IHR EUCH DAS GEFALLEN LASSEN? ICH LASS MICH NICHT ERPRESSEN!

RUDI Aber ich befehle dir doch nichts. Uschi!

Ein Kampf. Felix versucht die beiden zu trennen.

FELIX Hört auf! Uschi!

USCHI Lass mich! *Plötzlich hält Uschi die Pistole in der Hand und richtet sie auf Rudi.* WAS HAST DU MIT IHM GEMACHT?

FELIX Gib das her.

USCHI Geh weg. GEH WEG!

Ein Schuss. Felix geht zu Boden. Er ist am Bein getroffen.

118 **futur de luxe**

THEO Felix.

RUDI Scheiße. Scheiße … Uschi. Was hast du getan? Ich wollte doch nur, dass alles gut wird.

FELIX Das gibt's doch nicht. Was ist das für ein Scheißfilm hier?

ULLA Zeig her, zeig her. Ich kenn mich da aus.

THEO Du hast auf ihn geschossen! Gib das her. Gib das her. *Theo nimmt Uschi die Pistole aus der Hand.*

USCHI Ich … das wollte ich nicht. Ich bin … es ist alles meine Schuld. Felix. Felix.

FELIX JA! JA! Verdammt.

Uschi ab.

Mann. Das Ding ist voll durch irgendwie.

ULLA Ist nicht schlimm. Gib mir zwei Servietten, wir müssen es abbinden.

Rudi reicht ihr sein Hemd. Ulla bindet das Bein von Felix ab.

FELIX Immerhin kenn ich einen hier, der hat meine Blutgruppe. Ist echt ein Glücksfall. Hat dir auch eine ins Bein geschossen, als du vierundzwanzig warst?

THEO Nein. Mir nicht.

FELIX Ich hab dir voll was voraus.

THEO Und wie.

FELIX Ich hab da ein Loch, wo du keins hast. Ich glaube, ich mag dieses Loch.

RUDI Ich wollte doch nur, dass alles gut wird.

THEO Es wird doch alles gut.

FELIX Was ist das für ein Scheißfilm hier, wo alle nur wollen, dass es gut wird, und alle sich gegenseitig kaputtmachen.

ULLA Ich schau mal nach Uschi.

THEO Lass sie. Lass sie doch. Es wird alles gut.

Das Telefon in Rudis Tasche klingelt.

ULLA *lächelt* Das wird für dich sein, Schatz.

Rudi reicht Theo den Apparat. Ulla ab.

THEO Hallo? Hi. No. Yes … The commission. Listen … Yes. Good for you. Good for you, Sharon … Sharon, no Sharon … I quit, I quit. I'm out … No. Count me out. It's legal now, you'll find someone else … No. Listen, I quit. No, it's … No. Sorry. No Einstein-cloning for me. No, I'm not mad at you. But I have things to do, there are things to be done … What do you mean »what kind of things«? I have to save a life. I have to save a life, here. That's all. Bye, Sharon. *Theo unterbricht die Verbindung und legt den Hörer weg.* Die Kommission hat das Klonen legalisiert. Aber ich hab ihr gesagt …

RUDI Das war sehr klug von dir.

FELIX Ja. Du bist ein Held der Wissenschaft.

THEO Es wird alles gut, nein?

RUDI Wir müssen einen Arzt rufen!

FELIX Was willst du dem den erzählen?

RUDI Keine Ahnung. Es gibt doch eine Schweigepflicht für Ärzte, nein?

FELIX Keine Ahnung. Gibt's eine Schweigepflicht für Ärzte?

THEO Sicher. Sicher gibt's die.

FELIX Wir können doch Frank anrufen. Der gehört doch jetzt ein wenig zur Familie, nein? Der kennt sich doch aus mit so was, nein?

THEO Sicher. Sicher.

RUDI Soll ich? Ich ruf ihn an. *Rudi greift nach dem Hörer.*

THEO Ja, mach schon. Nein, gib her. Ich ruf ihn an. *Theo greift nach dem Hörer und wählt.* Komm schon, komm schon …

16

Inzwischen sucht Ulla im ganzen Haus nach Uschi. Auf der Treppe entdeckt sie den leblosen Körper ihrer Tochter. Sie hat sich erhängt. Ulla stürzt auf Uschis Körper zu, umfasst ihre Beine und versucht, sie hochzuheben.

ULLA USCHI! USCHI! THEO! THEO! USCHI! NEIN!

17

Bald ist Abend. Theo steht auf der Terrasse und blickt in Richtung Meer. Ulla steht auf der gegenüberliegenden Terrasse. Die beiden warten auf ihre Kinder. Der Tisch im Wohnzimmer ist noch leer. Olga betritt das Wohnzimmer, bestückt den siebenarmigen Leuchter mit Kerzen und geht wieder ab.

ULLA Theo. Ja. Irgendwann kennt man das Inventar, irgendwann hat man dieses Land erforscht, man hat es zu Fuß durchwandert, lang und breit, bis in die hintersten Ecken, so, dass es keine Geheimnisse mehr gibt. Ich weiß, was er denkt, zum Beispiel. Es springt mich an. Diese Transparenz. Na ja, gut, ganz immer blick ich nicht durch, vielleicht, aber fast. Wenn man den Eindruck kriegt, jemanden zu kennen wie seine Tasche, da wird's schwierig. Er wiederholt sich. Schon als junger Medizinstudent, als ich ihn kennen gelernt hab. Da ist mir dieser Charakterzug aufgefallen. Aber mit der Zeit ist das natürlich schlimmer geworden. Andere Züge auch. Seine Gesichtszüge, zum Beispiel. Er sagt, die seien ihm egal. Aber ich weiß: Er ist stolz darauf, alt zu sein. Ich weiß, was er denkt. Es ist ihm egal, dass ich nicht unbedingt ... auf alte Männer stehe. Er weiß, dass ich da bin. Und das reicht. Das Aufregende mit Theo ist, dass er top ist in der hipsten Branche, weltweit. Ich meine, es gibt auf der WELT keine drei, vier, die so top sind in Genetik wie Theo. Und das macht aus mir so was wie die First Lady of Science, das ist nicht nichts. Dafür kann man schon Opfer erbringen. Zum Glück sind da meine Kinder. Felix ist ein Künstler. Ich mag ihn. Früher habe ich immer davon geträumt, Künstlerin zu sein. Die Welt neu erfinden und all das. Felix gleicht meinem Mann, als der jung war. Er gleicht seinem Vater sogar aufs Haar. Das ist nicht immer einfach. Von mir hat er gar nichts. Uschi natürlich schon mehr. Und trotzdem versteh ich sie nicht, manchmal. Sie ist so verschlossen, allem gegenüber. Und woher sie diesen archaischen Bezug zur Erde nimmt, weiß ich auch nicht. Aber wir haben ja auch keine Kinder, damit sie uns gleichen, nein? Zumindest versteht sie sich mit Theo gut. Das ist auch was. Am liebsten mag ich Rudi. Er ist voll in Theos Fußstapfen getreten. Beruflich, meine ich. Wenn er so weitermacht, wird er eines Tages berühmter als sein Vater. Sicher. Rudi, das ist ein Mann. Ich weiß noch, einmal hat er ein Mädchen mit nach Hause gebracht, so was Unbedeutendes sogar. Er wollte sie über Nacht dabehalten. An dem Abend hab ich furchtbare Spasmen gekriegt. Eine Frauensache. Wir haben die Nacht auf der Notaufnahme verbracht. War wohl unterbewusst irgendwie. Keine Ahnung.

***

*

tattoo

von Réjane Desvignes
und Igor Bauersima

Personen

LEA

FRED

TIGER

NAOMI

ALEX

Orte

Freds und Leas Wohnung
Naomis Galerie
Das Loft von Tiger

>>I started a joke that started the whole world crying.<<
Bee Gees

I.
Fred und Lea

Eine provisorisch eingerichtete Einraumwohnung. Links ein kleiner Esstisch und eine improvisierte Küche. Rechts ein Schlafbereich. In der Mitte ein kleiner Computerarbeitsplatz mit Tonmischpult, an der Wand improvisierte Regale, darin Bücher und CDs. Darüber eine Art Dachfenster. Fred und Lea arbeiten jeder für sich in einer Ecke des Raumes. Fred will sich über den Stand seiner Arbeit ein Bild machen. Der Drucker spuckt pausenlos bedruckte Seiten aus. Neben dem Drucker türmt sich bereits ein großer Stapel Papier auf. Lea moderiert ihre Internetsendung. Sie sitzt an ihrem PC und trägt eine Sprechvorrichtung auf dem Kopf, ähnlich jener, die Piloten im Cockpit benützen. »I started a joke« von den Bee Gees ist aus Leas Monitor zu hören. Lea liest in einem Buch. Dann blendet sie die Musik aus.

LEA »So tut Schaden sich selbst, wer anderen Schaden zu tun sucht, und dem Dichter ist selbst zum Verderb, der gedehnte Eingang.« So sprach bereits der alte Demokrit, und ich muss jetzt trotzdem oder gerade deswegen noch kurz was sagen, bevor ich euch ein weiteres Stück Weltkulturerbe vorspiele: Was ihr da im Hintergrund hört, ist nicht Ambient Techno, das gibt's auf diesem Sender nicht, es ist der Drucker eines langjährigen Freundes. Er ist bereits weit über dreißig Jahre alt, der Freund, und er hat jetzt schon ungefähr fünfzehn Jahre damit verbracht, Worte in einen Computer zu tippen, und heute, also zu dieser Stunde und wohl auch in der kommenden – und das obwohl er weiß, dass ich gerade bei Hunderten von Hörern zu Gast bin, obwohl ich ihn auf Knien gebeten habe, es nicht zu tun – genau jetzt also druckt er alle diese mühsam vereinten Buchstaben aus und sorgt dafür, dass ihr nur jedes zweite meiner Worte verstehen könnt. Aber es tut Schaden sich selbst, wer anderen Schaden zu tun sucht. Ich spiele euch jetzt einen passenden

Walzer von Paul Misraki aus dem wunderbaren Film »Alphaville«
vor. *Lea lässt die Musik kurz erklingen und dreht dann den Moni-*
tor herunter.

FRED Was redest du da?

LEA Ich hab dir schon tausendmal gesagt, dass du nicht drucken
kannst, wenn ich auf Sendung bin.

FRED Das ist doch kein Grund, unser Privatleben an die Öffentlichkeit zu zerren. Es muss doch niemand wissen, dass wir nur ein Zimmer haben und noch dazu ein kleines. Überhaupt muss niemand
wissen, dass ich existiere.

LEA Ich hab doch nicht gesagt, dass wir nur ein Zimmer haben.

FRED Aber es klingt so. Weil wir uns nicht ausweichen können, offenbar.

LEA Aber das können wir doch auch nicht.

FRED Aber es klingt klein. Das ist doch langweilig. Das ist privat.
Das will doch keiner wissen. Du hast doch Phantasie. Du könntest
hier behaupten, das seien Riesenräume, ein Palast, eine Baumhütte
auf Haiti, was weiß ich. Irgendwas Schönes.

LEA Das geht nicht, wenn der Drucker im Hintergrund Geräusche
macht.

FRED Dann eben ein Medienkonzern. Ich meine, alles ist besser als
zu erzählen, was hier wirklich los ist.

LEA Warum? Was ist denn so schlecht an uns?

FRED Nichts. Ich will nur aus dem Haus gehen können, ohne dass die
Leute wissen, welche Farbe meine Unterhose hat.

LEA Du liebst mich nicht.

FRED Genau. »Ich verachte dich, du widerst mich an.«

LEA Du liebst mich nicht.

FRED JA. Genau.

Sie lachen. Fred umarmt Lea, gibt ihr einen Kuss, hebt sie hoch,
macht eine Drehung und lässt sie wieder runter. Sie küssen sich
nochmal.

Hab superteuren Wein gekauft.

Lea lächelt ihm zu.

Keine Ahnung, warum ich Wein kaufe.

LEA Weil du dich freust, nein?

FRED Ja. Aber wir haben nie Wein getrunken.

LEA Der trinkt doch alles.

FRED Weiß nicht. Ich glaube, das war wegen der Etikette. Ist kalifornischer. Ich dachte, er war jetzt lange da. Ist so was wie Wein von zu Hause. Aber wir haben nie Wein getrunken.

LEA Ich schon.

FRED Mit ihm? Echt?

– –

Wann denn?

LEA Weiß nicht.

– –

Hab abgelehnt.

FRED Was?

LEA Die Susi.

FRED Wie, du hast abgelehnt? DU hast abgelehnt?

LEA Der hat heute angerufen, ich hätte die Rolle, und da hab ich abgelehnt.

– –

FRED Aha.

– –

Und wie viel war das?

LEA Weiß nicht, 30 Tage, 20 mal zweieinhalb, 75 000 und die Hälfte weg, 37,5.

FRED Und du hattest die Rolle? Ich meine, der ruft an, um dir zu sagen, du hast die Rolle?

LEA Was denn?

FRED Nichts.

LEA Ich mach keine debile Susi für 37,5 Kröten in irgendeinem schwachsinnigen Fernsehfilmchen, und es ist mir auch egal, wenn Vera Tendur und der alte Lehman dabei sind, dann sind die eben auch Verräter. Ich hab das Drehbuch gelesen, hast du's gelesen?

FRED Ja.

LEA Wann?

FRED Heute Nachmittag. Hab's mir ausgeliehen.

LEA Und?

FRED Na ja.

LEA Na ja? Es ist dumm. Es ist so dumm, das ist schon einmal rum. Wie kannst du dich aufregen? Du solltest mich beglückwünschen.

FRED Ja. Bloß … Wir sind am Arsch.

LEA Moment: DU kaufst hier teuren Wein. Moment. Moment …

126   tattoo

Lea eilt zum PC. »Alphaville« geht zu Ende.
Ja, Alphaville. Eine Stadt, in der nicht alles gut ist, was gut sein kann. Mitten in Alphaville taucht eines Tages dieser Mann auf und wundert sich über die Zustände: Die Wohnungen sind zu klein, die Drucker machen zu viel Lärm, und auch sonst fehlt so einiges. Den Leuten fehlen zum Beispiel die Worte. Irgendwann sagt die Frau von Braun: »Jeden Tag verschwinden Worte, weil sie verflucht werden. Und sie werden durch neue ersetzt, mit neuen Bedeutungen.« Kurz: Die Leute wissen zum Beispiel nicht mehr, was Liebe ist. Nichts wie weg hier. Ab nach Jamaica. Und wir sind in Jamaica. Ich spiel euch jetzt was von diesem Tipitopi-Sampler vor, der heißt »100 % Dynamit«. Und zwar … *Sie sucht.* und zwar … »Woman of the Ghetto« mit Phyllis Dillon und einem wunderbar antiken Chor. *Lea fadet ins nächste Stück über.* Du könntest ja auch was tun.

FRED Was denn? Mich ruft niemand an, um mich mit Geld zu überschütten.

LEA Weil du jedem erklärst, du seiest nicht käuflich.

FRED Wem erkläre ich das? Das hab ich nie erklärt.

LEA Nein, weil das jeder sieht. Vom Schiff aus schon sieht jeder deine Integrität strahlen wie einen Leuchtturm, und er sagt sich: Da leg ich nicht an, da ist es steil und felsig.

FRED Und das wirfst du mir vor?

LEA Nein. Das ist ein Kompliment.

FRED Das ist kein Kompliment.

LEA Doch. Aber beschwer dich nicht, dass du am Arsch bist. Du ziehst es eben vor, an diesem Abgrund zu stehen und die Grenzen des Moralischen zu ermessen. Und dann schreibst du ab und zu was ins Feuilleton. Ich kann wenigstens was ablehnen ab und zu.

FRED Ich schreib was ins Feuilleton, weil ich tue, was ich kann. Ich kann was schreiben, also schreib ich was.

LEA Ich mag dich ja trotzdem.

FRED Ich kann nun mal nicht irgendwas darstellen.

LEA »Irgendwas« kann ich auch nicht darstellen. Ich kann keine Susi darstellen, die am Ende ihres Leidensweges endlich den Weg zu Gott findet.

FRED Irgendwie sind wir nicht lebensfähig.

LEA Du musst eben deinen Roman fertig kriegen, dann wird er ein

Bestseller, dann wird er verfilmt, dann krieg ich die Hauptrolle, und dann fängst du mit dem nächsten an.

FRED Und das alles in den nächsten drei Wochen, damit wir die Miete zahlen können. Ich schreib seit … seit vier Jahren an diesem Ding. Das Ding hat inzwischen zweitausend Seiten, wie willst du das verfilmen?

LEA Eine Soap vielleicht?

FRED Wann kommt er?

LEA Acht.

FRED Hat er gesagt, warum?

LEA Wie, warum?

FRED Na ja, ich hab ihn zwei Jahre nicht gesehen.

LEA Das wird vermutlich der Grund sein. Ich hab im Netz nachgeschaut.

FRED Was?

LEA »Der Käse und sein Loch«.

FRED Was?

LEA Wurde gerade versteigert, in New York. »Der Käse und sein Loch«. Eine Installation von Tiger. Rate mal, für wie viel.

FRED Keine Ahnung.

LEA 150 000.

FRED Was?

LEA Dollar.

FRED Tigers Installation?

LEA Hab seinen Namen eingegeben.

FRED Kann das sein?

LEA Er ist überall. Naomi hat mir erzählt, dass er im Moment total heiß sei.

FRED Heiß, ja?

LEA Total. Außerdem glaube ich, die haben was.

FRED Tiger? Mit deiner Schwester?

LEA Sie liebt eben junge Künstler.

FRED Würde sie dir das nicht sagen, so was?

LEA Sie sagt, er sei heiß.

FRED Das kann ich nicht glauben.

LEA Du kennst doch Naomi.

FRED Eben. Ich meine, Tiger ist verrückt und alles, aber doch nicht so.

128   tattoo

LEA Warum nicht? Du hast ja auch was mit Naomis Schwester.

FRED Halbschwester. Ihr seid so verschieden wie Tag und Nacht. Außerdem ist sie doch zu alt für Tiger. *Fred beginnt etwas Ordnung zu machen.*

LEA Mach einfach keine Bemerkungen über sie heute. Was machst du?

FRED Ich räume auf. Ich habe Tiger schon lange nicht gesehen, also räume ich ein wenig auf.

LEA Das kann ich nur als Zeichen des Misstrauens deuten. Soll ich es als Zeichen des Misstrauens deuten?

– –

Ich meine, warum muss man sein Leben auf den Kopf stellen und so tun, als wäre man jemand ganz anderes, wenn Besuch kommt?

FRED Ich mach etwas Ordnung. Das ist alles.

LEA Aber wenn er nicht kommen würde, würdest du nicht Ordnung machen.

FRED Doch. Vielleicht doch.

LEA Ich will nicht so tun, als wäre ich nicht ich. Die Leute dürfen ruhig wissen, wer wir sind und wo.

FRED Wir sind am Arsch.

Fred verlässt den Raum in Richtung Bad. Lea geht zurück zum PC.

LEA *ins Micro* Ja, das waren die letzten Nachrichten aus dem Ghetto, heute von Miss Dillon. Ich schau jetzt mal, ob die Marlis in Linz schon da ist, denn sie übernimmt jetzt die Sendung. Marlis? Hörst du mich? Marlis, bist du da?

MARLIS *off* Auf diese Frage antworte ich nicht.

LEA Gut, gut, gut. Da hast Recht. Ja. Dann viel Spaß mit Marlis. Marlis, ich schicke dir jetzt einen Kuss und ein passendes Stück von Francis Lai: »A man and a woman«. And a man and a woman, and a man … *Lea blendet das Stück ein.*

Tiger

Etwas später. Fred und Tiger kommen aus dem Bad. Tiger ist gut gelaunt.

TIGER Super Bad, habt ihr, real bad. Find ich gut, ohne Spiegel. Super bad.

tattoo **129**

FRED Na ja. Vielleicht kommt noch einer rein, das Ding ist, die Wand ist irgendwie Gips, und da muss erst was drauf, damit die nicht immer so feucht ist. Hast du 'ne Ahnung, ob man auf Gips was kleben kann?

TIGER Ist doch cool so. Lass doch.

LEA Cool ist anders.

FRED Es blättert ab, eben. Du kennst dich doch aus …

TIGER Easy. Lass es blättern, sieht doch cool aus. Bäder, wo's blättert, das gibt's nur noch in Mexiko oder so. Dafür zahlen Leute teures Geld, um mal in so 'nem Bad zu baden. Und wenn's weggeblättert ist, schaust du weiter. Is 'n bisschen 'nen Loft, die Wohnung.

FRED Na ja.

TIGER Ist übersichtlich. Und hoch auch. Ist gut fürs Atmen im Kopf und so Kram. Hatte mal so 'n Atelier. Das war auch so länglich.

LEA Stimmt, das war gleich nach der Schule.

TIGER Ja, genau. Ist doch besser als die alte, nein? Größer.

FRED Na ja. Sie ist nicht wirklich größer, eher kleiner, dafür aber ein Raum und nicht drei, und höher. Das Beste ist, die Heizkosten entfallen, weil unten ist eine chemische Reinigung, und die Hitze steigt, von den Maschinen. Ist etwas heiß im Sommer, meint der Vermieter, weil da scheint die Sonne drauf. Aber dafür hat man mehr Luft. Und zum Lüften gibt's die Lukarne im Dach.

TIGER Genau, Luft. Die ist super, die Lukarne.

FRED Ja. Da geht die heiße Luft raus.

TIGER Das ist doch gut, so ein wenig klein und abgeschirmt, ich würde gerne hier wohnen für ein, zwei Wochen oder so. Ist bestimmt gut zum Schreiben. Einen Roman oder so. So 'ne Art Höhle. Die Höhlenbewohner, die waren ja nicht blöd. Ich meine, entweder Hotels oder Höhlen, nein? Einen Roman über Höhlenbewohner, ja, genau.

FRED Ja, genau.

TIGER Ja, genau. Wollt ich schon immer mal, einen Roman schreiben. Und? Alles gut?

FRED Ja ja.

TIGER Hab was mitgebracht. *Tiger packt aus seiner Tüte zehn Fishmacs, vier Portionen Fritten und eine Flasche Absinth aus.*

FRED *lacht* Der Tiger. Und in L. A. hast du auch nur so gefressen?

TIGER Vergiss es. Da gibt's nur Healthfood vom Feinsten. Algensmoothies und so 'n Shit. Du isst 'nen Fishmac in der Öffentlichkeit, und du bist tot. Codes, Mann, nur Codes. Dresscodes, Esscodes, das ist alles. Ist echt eine Hochkultur. Iss bloß keinen Fishmac oder du bist geliefert. Eurotrash. L. A. ist 'n Dorf.

FRED Ja ja. Sicher.

TIGER Hier ist das anders. *Kaut.* Ist echt cool, das Zeug, voller Medikamente, Antibiotika und so. Besonders im Winter ist das gut. Und wenn du gut drauf bist, kannst du so was eh essen ohne Probleme. Magenprobleme, das sind Kopfprobleme. Sagt dir jeder Foodberater. Fishmacs, Mann. Es ist zwar echt garantiert dieselbe Scheiße wie letztes Mal, und es ändert sich nichts, aber, hey, das ist Europe. Woa. Old Europe. Hab auch das hier mit. Zum Vergessen.

FRED Absinth?

TIGER Echt eklig, das Zeug.

FRED Aha.

TIGER Aber man kommt gut drauf. Old school. Boa, ist etwas warm hier gerade. Ist cool. Ist wie in L. A. Das Klima ist alles. Wenn du in einem guten Klima lebst, kommst du nicht auf Scheißgedanken. Wie geht's euch so? *Tiger zieht seinen Pulli aus. Auf seinen Armen überall Tattoos: ein riesiger Tiger, der die Zähne zeigt, eine große Vase mit Blumen drin etc.*

LEA Na ja. Geht so. Eigentlich. Aber okay.

TIGER Ja? Cool. Old Europe. Und Brasilien?

FRED Brasilien?

TIGER Du wolltest doch immer weg.

FRED Ach so ja. Na ja. Macht irgendwie keinen Sinn gerade.

TIGER Brasilien. Ich war kurz da. War cool.

FRED Du bist viel weg, was?

TIGER Nee. Ich bin da, gerade. Sicher eine Weile, gerade, hab dieses Atelier, das hab ich behalten, da bin ich jetzt wieder und schau mal wieder nach den Leuten und mach ein, zwei Arbeiten. Alte Leute sehen ist gut. Von wegen Erdung und so. Runterkommen. Und was aufbauen. Die alte Geschichte.

FRED Ja ja. Zeig mal deine Tattoos. Das kenn ich noch nicht. Oder doch?

TIGER Weiß nicht. Hab gerade ein neues machen lassen. In L. A. Am Bauchnabel. Die Welt am Arsch, heißt es. *Tiger zeigt seinen Bauch. Aber der ist noch nicht verheilt und eher etwas rot angeschwollen.*

Ist noch nicht verheilt. Jetzt siehst du noch nichts.

FRED Scheiße. Tut das nicht weh?

TIGER Ja. Ist aber okay. Du darfst es nicht übertreiben. Immer langsam. Das da, das hab ich auf einmal machen lassen, das war echt zu viel.

LEA Und auf dem Rücken?

TIGER Da.

FRED Wie viele Tattoos sind das inzwischen?

TIGER Weiß nicht, fünfzig. *Tiger zeigt seinen tätowierten Rücken.*

LEA Du ziehst das voll durch!

TIGER Was denn?

LEA Na ja. Du hast doch damals in der Schule damit angefangen.

TIGER Ja. Damit. *Tiger deutet auf seine linke Brust, unter anderem sind dort drei große Buchstaben eintätowiert: L E A.*
Damn it.

FRED Womit? Angefangen?

LEA Mit dem Tätowieren.

FRED Ach so. In der Schule.

LEA Ja. Wir waren, wir waren siebzehn, nein? Damals hat er verkündet, dass er irgendwann den ganzen Körper voller Tattoos haben wird.

TIGER Ihr habt keine, was?

LEA Ich wollte mal eins.

TIGER Ja, ich weiß noch.

LEA Aber ich konnte mich nicht entscheiden, was.

TIGER Man darf das nicht so wichtig nehmen, das ist wichtig.

FRED Ich hab irgendwie immer die Assoziation zu Schlachthöfen. Und zu Auschwitz. Das krieg ich nicht weg.

TIGER Ja, so Depressionen sind Scheiße. Du solltest ein bisschen Workout machen und dir die Dunkelheit aus dem Hirn pusten. Setzt Energien frei. Ich bin in so 'nem Club, den gibt's in jeder Stadt. Das solltest du auch machen.

FRED Und dann denke ich anders über Tattoos, wenn ich da hingehe?

TIGER Das kann sein. Das kann sein. Ist voll normal, so 'n Tattoo. Ist nichts dabei.

LEA Ist ein wenig wie ein Tagebucheintrag, nein? Das Leben hinterlässt Spuren, und anstatt zu vergessen, hat man sie dabei, man notiert sich die eigene Geschichte auf den Leib.

TIGER Na ja. Ich weiß nicht. Ich mach da keine Theorie draus oder so. Ich find es einfach nur cool. Hier kommt noch eine Pfanne mit 'nem Spiegelei hin.

LEA Aber viel Platz bleibt nicht mehr.

TIGER Ist kein Problem, da fängst du von vorne an. Das Zeug verbleicht, da kannst du drübertätowieren. Ne zweite Schicht.

FRED Hautfarben, vielleicht.

TIGER Egal.

LEA Jedenfalls wirst du irgendwann als Kunstwerk enden.
Sie lachen.

TIGER Hey, nehmt was davon, ich ess das nicht alleine.

FRED Danke.

TIGER Das Coole in L. A. ist, die Leute zerbrechen sich echt nicht den Kopf ständig, ich meine, die Leute sind echt nicht ständig mit ihrem Kopf beschäftigt und machen sich irgendwelche Gedanken. Wenn sie frei haben, kümmern sie sich um ihren Körper und hängen an schönen Orten rum. Irgendwann werde ich an der Westküste leben und Sport am Strand machen. Zum Beispiel hab ich die Kiki dort kennen gelernt. Ist echt cool drauf.

LEA Kiki?

TIGER Kiki Denis.

LEA Du hast KIKI DENIS kennen gelernt? Das gibt's nicht! Du KENNST die?

TIGER Na ja.

LEA Wie ... wie ... wie ist sie?

TIGER Schön ist sie.

LEA Echt?

TIGER Ja. Die ist echt genauso schön wie im Film, echt. Und sie hat 'ne ziemlich coole Bleibe mit Terrasse und Meerblick und Swimmingpool und weißem Marmor überall.

LEA Du warst bei Kiki Denis ZU HAUSE?

TIGER Hab dort ein paar Stunden verbracht. Das Ding ist: Kiki ist nicht nur 'ne gute Schauspielerin, sie ist auch Kunstsammlerin. Wir waren mit Freunden bei so 'ner Premiere, und da haben wir gequatscht, hab ihr was von Europe erzählt, finden die dort voll cool, ja, und sie hat mal was von mir gesehen, in 'nem Katalog, und da hat sie mich eingeladen, was mit ihrer Terrasse zu machen. Also die wollte so ein wenig Kunst am Bau haben. Und da hab ich mit der Terrasse ein wenig Kunst gemacht.

tattoo 133

LEA Was denn?

TIGER Nichts. Ich hab so Texte in den Pool reingeschrieben, auf Glasplatten erst, dann hab ich die Glasplatten auseinander geschnitten und dann unten verklebt, übereinander.

FRED Texte? Was denn für Texte?

TIGER So Dinger aus Fachbüchern, Sex und Kapital, Soziologiedinger und so 'n Zeug. Und eigene Texte, Gedichte. In verschiedenen Farben, mit Glas drüber.

LEA Und Kiki?

TIGER Kiki war happy und hat mich eingeladen, zum Essen zu bleiben.

LEA Zum Essen, ja?

TIGER Ja, und weil's dann spät war, bin ich geblieben.

LEA Bei Kiki. Ich fass es nicht!

TIGER Ja. Um die Sache auf der Terrasse im Morgenlicht zu begutachten, auch.

LEA Aha. Und hast du … ich fass es nicht. Ich meine, habt ihr … hast du mit Kiki … entschuldige, aber … ich fass es nicht.

TIGER So ist das dort. Easy. Ich hatte eine coole Zeit, und am Ende wurde ich gut bezahlt. Das ist alles. Das ist Kalifornien.

FRED Aber, diese Texte, also gab's da eine Ordnung? In den Worten auf der Terrasse?

TIGER Die waren so übereinander gepappt.

FRED Ich meine eine versteckte Ordnung oder so?

TIGER Keine Ahnung, warum?

FRED Ich meine, ich versuche seit Jahren, eine Ordnung in meine Worte zu bringen und ja … das ist viel Arbeit …

TIGER Ach so. Ja. Die Sache ist, wenn einer lange genug dort am Pool rumsitzt, dann baut er sich 'ne Ordnung in die Worte, vielleicht, weil er ebenso 'n Typ ist, der das braucht, im Kopf, und ein anderer ist eben ein anderer Typ, und der sitzt dann vielleicht dort und schaut dem Typen zu, der auf die Worte schaut, und macht sich so seine Gedanken, oder schaut nur so, und den wiederum schaut ein anderer an und so weiter, und die werden alle irgendwie Teil des Ganzen, und ich trink inzwischen einen Mojito mit Kiki, und wir schauen der ganzen Szene zu, und Kiki erzählt mir Geschichten, über wen oder was weiß ich, eine ganze Kette also, und dann kommt der fucking big one, und wir und der ganze Pool rutschen den Berg runter in Richtung Meer, und vielleicht hat der Typ bis dahin irgendeine Ordnung gefunden in den Worten, aber es nützt ihm einen Dreck irgendwie, während er so rutscht, in den Sankt-Andreas-Graben, weil wir und Kikis ganze Scheißvilla, wir machen in der Lava nur kurz so ein schwaches, zischendes Geräusch, das völlig untergeht in dem ganzen Weltuntergang, und dann ist fertig. So ist das mit der Kunst.

– –

Solange du deinem Publikum die Verantwortung für den Sinn überlässt, denkt es sich was, und du bist fein raus.

FRED Aha. Aber nach welchen Kriterien ... ich meine ... Wie entscheidest du denn, was du machst? Ich meine, wenn du dich nicht um den Inhalt kümmerst ...

TIGER Den Sinn.

FRED Ja. Du machst doch nicht einfach sinnlos irgendwas drauflos!

TIGER Ich mach Sachen, und dafür krieg ich Geld. Das ist der Sinn.

FRED Aber du machst doch nicht irgendwelche sinnlosen Sachen!

TIGER Na klar doch. Und wenn ein Sammler mir für diese Sachen Geld gibt, dann weil ER darin irgendeinen Sinn sieht. Das ist doch nicht mein Problem. Da leg ich mich doch nicht fest. Das wäre super ungeschickt.

FRED Aber inhaltlich ...

TIGER Moment: »Groß ist nur, was ich nicht kenne. Und am größten ist, was ich nicht verstehe«, hat mal einer gesagt, weiß nicht. Egal. Was zählt, ist nicht der Inhalt, sondern der persönliche Style, Wiedererkennbarkeit, Kult, Mann. Du solltest Kunst machen. Ist echt ein gutes Geschäft. Easy. Ich meine, was sitzt du da schon ... wie lange schreibt er an seinem Roman?

LEA Vier Jahre.

TIGER Na also. Und das Schlimmste ist: Wenn du so weitermachst, kann es dir passieren, dass dein Roman am Ende noch irgendeinen Sinn ergibt. Und dann bist du geliefert, Mann. Wie heißt er denn?

FRED Weiß noch nicht. Nonsens, vielleicht.

TIGER Nonsens, ja? Na ja.

FRED Oder Tattoo?

TIGER Tattoo? Ja? Find ich gut, Tattoo. Ach, blablabla, das ganze Theoriegelaber ist eh für nichts. Morgen sind wir alle tot, also sollten wir lieber anstoßen. Cheers.

FRED JA. Auf Tiger, der Mann der sich verkauft wie nichts.

TIGER Moment. Ich verkaufe mich nicht.

FRED Schade, ich würde dich sofort kaufen, wenn du zu haben wärst.

LEA Aha. Mit was denn?

FRED Keine Ahnung, gibt's Hypotheken auf Kunst?

LEA Ein Künstler verkauft sich nicht.

TIGER Ja. Ich gehöre mir ganz gerne selbst.

ALLE Cheers. *Sie stoßen an.*

LEA Ich schau mal, was Marlis macht.

Sie geht zum PC und dreht die Lautstärke auf: »Bad traffic« von Zony Mash. Es ist schon spät, und die Laune steigt unter Einfluss des Absinths.

FRED Sag mal, diese Tattoos ... Die haben doch 'nen Wert, diese Tattoos. Die ... ich meine, das sind doch Originale. Ich meine, was passiert damit, wenn du mal hops gehst?

Lea dreht den Monitor wieder herunter.

LEA Was redest du da. Du bist doch völlig betrunken schon.

FRED Nein, im Ernst. Sonst schneiden dir die Leute das Zeug noch von den Knochen. Ich meine, spätestens, wenn du hopsgehst, ziehen sie dir die Haut ab und machen einen Bettvorleger draus. Ich meine, er könnte sich präventiv verkaufen. Wäre sicher ein gutes Geschäft.

LEA Ich verbiete dir, dich zu verkaufen.

FRED Warum, ist doch voll sinnvoll. Andere organisieren ihr Begräbnis auch im Voraus. Und das ist kein Begräbnis, im Gegenteil.

TIGER Ja. Easy.

LEA Easy? Der Typ, der dich kauft, wird nur auf eines hinarbeiten, nämlich dass du bald den Löffel abgibst, damit er dich ausstopfen kann.

FRED Ohne Risiko keine Kröten, so ist das. Dein Body ist bestimmt ein Vermögen wert inzwischen, mit deinem Namen und den Tattoos.

TIGER Na ja. Ist ein Unikat, wenn man sich's genau überlegt.

FRED Eben. Verkauf dich! Ich sag's dir. Das gibt 'ne Menge Kohle.

TIGER Vergiss es, du bringst mich nicht dazu, mich zu verkaufen, vergiss es. Nie. Ich hab 'ne bessere Idee. Ich verschenke mich.

FRED Du verschenkst dich?

TIGER An einen Freund. An einen, der mir verspricht, dass er mich nie verkauft. Also nicht an dich.

FRED Moment, ich hab …

LEA ICH würde dich nie verkaufen.

TIGER Nein?

LEA Natürlich nicht!

TIGER Das sagst du jetzt.

LEA Nie!

TIGER Du sagst, wenn ich tot wäre, du würdest dich um mich kümmern? Um meine tote Haut?

LEA Na klar.

TIGER Und das sagst du nicht einfach so.

LEA Nein!

TIGER Wäre cool, wenn sich jemand um meine alte Haut kümmern
würde. Genau: Da gibt's diese Firma in Deutschland. Hab schon
mal was gemacht mit denen. Ich lass mich plastifizieren und ver-
mache mich meiner besten Freundin Lea.

LEA Klar, ich würde mich gut um dich sorgen.

TIGER Das würdest du echt?

LEA Na klar.

TIGER Echt, du würdest das tun? Du wärst echt ein Freund und würdest mich nicht verkaufen an eine Galerie oder so was?

LEA Na klar.

TIGER Auch nicht in einen dunklen Keller stecken?

LEA Ich schwör's.

TIGER Und ab und zu würdest du mich abstauben?

LEA Klar.

TIGER Und das sagst du nicht einfach so.

LEA Nein!

TIGER Gimme five.

LEA Gimme five.

*Fred schaut etwas erstaunt zu, wie sie die Sache mit einem Hand-
schlag besiegeln.*

Naomi

*Es klingelt. Naomi betritt die Wohnung, ohne zu warten, dass ihr je-
mand öffnet.*

LEA Naomi. Komm rein.

FRED Teufel! Komm rein, Naomi.

NAOMI Ich war gerade in der Gegend, um mein Auto abzuholen, das
steht gleich um die Ecke, da hab ich mir gesagt, ich schau kurz vor-
bei, weil ich noch Licht gesehen habe, im Dachfenster.
LEA Ja. Du hast uns gefehlt, schon.
NAOMI Ja?
TIGER Hallo, Nai.
NAOMI Störe ich?
FRED Nein! Wir trinken hier nur ein wenig Drogen. Nimm dir ein
Glas.
NAOMI Ich muss noch fahren.
FRED Ach so.
LEA Willst du … ich weiß nicht. Was haben wir denn?
FRED Wasser.
NAOMI Lass nur.
LEA Wir haben doch Wein.
FRED Ach so, ja. Ich dachte, weil sie fährt.
NAOMI Genau. Lass nur.
LEA Du nimmst doch ein Glas Wein?
NAOMI Okay. Ein Glas.
*Ein etwas beklemmenderer Moment. Niemand will über das spre-
chen, was gerade war, aber ein neues Thema ist auch nicht sofort
auf dem Tisch. Fred versucht, die Flasche zu öffnen.*
Sag mal, war die Küche schon immer da?
FRED Ja ja. Die war schon da, bevor wir da waren.
NAOMI Aha.
FRED Ist ein wenig ungeschickt.
NAOMI Dafür ist die Wohnung größer.
FRED Eigentlich ist sie kleiner.
NAOMI Aber höher, nein?
FRED Ja. Wegen der Luft.
NAOMI Wegen der Luft?
FRED Ja, die steigt.
NAOMI Ach so. *Lacht.*
FRED Ist praktisch.
NAOMI Ich war gerade in Paris.
FRED Aha.
TIGER Bei Devos?
NAOMI Ja. An der Vernissage von Anna Cé.

LEA Ach so.

FRED Dieser Absinth ist irgendwie zu viel für mich.

NAOMI Lea, hast du einen Anruf gekriegt, von diesem Produzenten, für diese Rolle in diesem Film? Diese Susi-Rolle?

LEA Wie weißt du das?

NAOMI Ich hab dich empfohlen. Habt ihr euch verstanden? Er ist ziemlich dick im Geschäft. Will auch einen Tiger kaufen.

TIGER Der Dicke mit der Fliege?

NAOMI Ja. Der mit der Fliege. Wie war's denn?

LEA Hab abgelehnt.

NAOMI Du hast was?

LEA Hab abgelehnt heute.

NAOMI Das versteh ich nicht.

LEA Ich kann nicht bei i r g e n d w a s kollaborieren. Das kann ich nicht.

NAOMI Diese Haltung kann ich nicht verstehen, in deiner Situation, wo ihr doch kein Geld habt, beide.

LEA Da bist du dir ja mit Fred für einmal einig.

FRED Nein, ich versteh schon, dass sie abgelehnt hat. Das Drehbuch war schwierig.

TIGER Scheißdrehbuch, was?

FRED Hypokritisches Gesülze auf Vorabendserienniveau.

TIGER Klingt Scheiße. Ist aber immer lustig, Drehen. Ich drehe gerne.

LEA Du drehst?

TIGER Die haben gerade eine Art Dokufiction gemacht über mich bei BBC, und da hab ich den Fiction-Teil übernommen. Hab mit Vera Tendur gedreht.

LEA Nein! Die spielt auch in dem Fernsehding mit.

NAOMI Na bitte. Und Lea lehnt ab.

TIGER Ja, die ist ganz gut, die Tendur.

– –

LEA Ich HASSE es ... Ich HASSE es, wenn du dich in meine Karriere einmischst. Ich verstehe nicht, wie du hier einfach auftauchen kannst und so tust, als wärst du zu Hause, und mir sagst, wohin ich mit der Küche soll und was für Rollen ich spielen soll und so weiter. Ich kann das nicht AB. Und die Tendur kann mich mal. Tut mir Leid.

NAOMI Das tut mir auch Leid.

LEA Ja. Tut mir Leid.

NAOMI Tut mir Leid.

LEA Tut mir Leid.

NAOMI Ich dachte, ich kann dir helfen.

LEA Nein.

NAOMI Nein.

– –

FRED Ja. Der Abend neigt sich seinem Ende entgegen, irgendwie.

TIGER Schon? Ich dachte, wir gehen noch aus, ein wenig, nein?

FRED Na ja.

NAOMI Ich kann dich nach Hause bringen, wenn du willst.

TIGER Ach so, ja. Na ja.

FRED So hab ich das aber nicht gemeint.

TIGER Du meinst, jetzt gleich?

NAOMI Ich muss morgen früh raus.

LEA Keine Ahnung, was das soll.

FRED Ist doch nicht böse gemeint.

NAOMI Nein, ist es nicht. Was ist, kommst du?

TIGER Ja. Okay. Leute, vielen Dank. War super. Super Bad und so.
Super bad. Wir sehen uns. Ja?

Naomis Galerie

*Naomis Galerie ist mindestens viermal größer als Freds und Leas
Wohnung. Eine Videoinstallation besetzt die Mitte des Raumes. Etwas
seitlich eine Couch und diverse Kunstwerke neuesten Datums. Naomi
und Tiger liegen halb nackt und zerzaust am Boden. Sie haben gerade miteinander geschlafen.*

TIGER Deine Galerie braucht ein Bad.

NAOMI Ich auch.

– –

TIGER Was ist?

NAOMI Nichts. Das war das letzte Mal. Es war wirklich das letzte
Mal. Ab heute sind wir wieder gute Freunde.

TIGER Ja? Ja, dann.

NAOMI Ich kann nicht jedes Mal, wenn du vorbeikommst, die Galerie
schließen. Irgendwann wird man uns verdächtigen.

TIGER Aber wir haben doch ungefähr tausendmal darüber gesprochen. Ist mir doch egal, was andere denken und wissen und nicht wissen. Wir haben Bock, und das zählt. Ist doch cool.

NAOMI Außerdem machen wir diesen Armleder kaputt. *Deutet auf eine Installation, die aussieht wie ein Sofa.*

TIGER Quatsch. Das steigert nur seinen Wert, das Leben, das sich darauf abspielt.

Tiger nimmt eine Kamera von einem Stativ und filmt Naomi, die noch ganz nackt und zerzaust ist. Naomi zieht die Decke des Armleders an sich und versteckt sich.

Nee, bitte. Das sieht voll Scheiße aus mit der Decke. Nimm die Decke runter.

NAOMI Ich nehm die Decke nicht runter. Sicher nicht.

TIGER Sieht aber nach nichts aus, mit Decke.

NAOMI Und ohne?

TIGER Nach Egon Schiele, aber ohne die Depression. Voll cool.

NAOMI Nie.

TIGER Wenn ich's dir sage.

NAOMI Nur wenn du mir von deinem neuen Projekt erzählst.

TIGER Was für ein Projekt denn?

NAOMI Ich dachte, du bereitest was vor, was Neues.

TIGER Davon weiß ich nichts. Nimm die Decke weg.

NAOMI Davon weißt du nichts, genau.

TIGER Nimm die Decke weg und erzähl mir nichts.

NAOMI Wie heißt dein Projekt?

TIGER Mein Projekt heißt »Nimm die Decke weg, ich seh nichts«.

NAOMI Und wenn ich sie wegnehme, dann sagst du mir, wie's wirklich heißt?

TIGER Wenn du sie wegnimmst, heißt das Projekt »Ich filme meine Galeristin, weil sie gut aussieht und ich gerade zum vorletzten Mal mit ihr Sex hatte, aber das darf niemand wissen, außer meiner Kamera«.

NAOMI Zum letzten Mal. Vergiss es.

TIGER Okay. Das Ding heißt … aber du nimmst die Decke weg!

NAOMI Wie heißt es?

TIGER Nimmst du sie weg?

NAOMI Erst du!

TIGER Das Projekt heißt: »Einen guten Freund haben«. Weg damit.

NAOMI So heißt es nicht.

TIGER Doch, natürlich. Weg mit der Decke.

NAOMI »Einen guten Freund haben«?

TIGER Wenn ich's dir sage.

NAOMI Du lügst, das sagst du nur, weil ich gesagt habe, wir seien ab jetzt wieder gute Freunde und keine Liebhaber.

TIGER Nein! Echt nicht. Ich schwör's, das Ding heißt so. Du kannst ja ... du wirst es ja sehen.

NAOMI Was werd ich sehen?

TIGER Du nimmst jetzt die Decke weg.

NAOMI Ich dachte, ICH soll was sehen? WANN werde ich was sehen?

TIGER Bei der Artfair.

NAOMI Aha. Ich dachte, du wüsstest nichts davon.

TIGER Hab noch niemandem davon erzählt, weil ich ... es sind noch ein paar Sachen unklar.

NAOMI Ich bin deine verfickte Galeristin! Und die Artfair ist das größte Kunstereignis der verdammten Ostküste, im Juni.

TIGER Ja.

NAOMI Und du sagst mir nichts!

TIGER Du weißt ja eh schon alles.

NAOMI Ich weiß gar nichts! Ich sitze hier blöd rum und weiß von nichts.

TIGER Dann nimm jetzt die Decke weg. Das steht dir, wenn du da so blöd rumstehst und von nichts weißt.

NAOMI Solange du dich so bedeckt hältst, nehm ich nichts weg, nur damit dir was steht.

TIGER Vielleicht wird eh nichts draus.

NAOMI Natürlich nicht, wenn du so weitermachst.

TIGER Ist 'n bisschen heiß noch.

NAOMI Ah ja.

– –

TIGER Ja dann. Ich geh dann mal.

NAOMI Wie, du gehst?

TIGER Wenn du nicht mitspielst. *Tiger will gehen.*

NAOMI Du lässt mich sitzen.

TIGER Nimm die Decke weg.
Naomi nimmt die Decke weg.
Cool.

142 tattoo

NAOMI Du brauchst mich.

TIGER Du brauchst mich.

NAOMI Ohne mich wärst du nicht da.

TIGER Ohne mich wärst du nicht da.

NAOMI Du hast mich gebraucht.

TIGER Du brauchst mich.

Tigers Loft

Tigers Loft hat einen etwas düsteren, provisorischen Industriecharak-
ter und ist noch etwas größer als Naomis Galerie. Im Hintergrund ein
paar Fernsehmonitore, eine große Stereoanlage. Vorne ein paar Mö-
bel. Tiger und Alex schauen Rushes. Die Bilder auf dem Monitor sind
nicht klar erkennbar, es könnte sich aber um Lea und Fred handeln.

TIGER Sie ist eben gut im Bett.

ALEX Wie, sie ist gut im Bett?

TIGER Gut im Bett eben. Und sie ist Leas Schwester.

ALEX Halbschwester. Aber du hast doch nie was gehabt mit Lea.

TIGER Nein, aber ich könnte mit Leas Schwester stundenlang
Schweinereien machen. Tagelang.

ALEX Wochenlang.

TIGER Jahrelang.

ALEX Jahrhundertelang. Mindestens.

TIGER Jahrhundertelang könnte ich mit Leas Schwester Schweinereien machen, mindestens. Und sie wäre mir immer noch vollkommen egal. *Lacht.*

ALEX Weil du dir die Tante nicht aus dem Kopf schlagen kannst seit
Menschengedenken.

BEIDE Mindestens.

ALEX Das ist es.

TIGER Wen?

ALEX Lea.

TIGER Ich hab keine Ahnung, warum Nai immer was mit Typen wie
mir anfängt. Ich meine, die sucht doch die große Liebe, eigentlich.
Sie ist unglücklich. Ich meine, es ist doch traurig, ein wenig. Aber
dann, ich finde es auch cool, irgendwie. Wie sie das durchzieht. Voll

Punk. Ich meine, schau dir das an. *Tiger deutet auf den Bildschirm.* Das ist die Hölle. Siehst du das? Wie er sich mit der Hand übers Haar fährt, und sie schaut ihn an, und er sieht es nicht. Keine Ahnung.

ALEX Weiß nicht, sie schaut doch liebevoll?

TIGER Liebevoll? Gib her. Mach nochmal zurück. Gib her. *Tiger nimmt die Fernbedienung und spult zurück.*
So sieht die Hölle aus. Du hast ein Leben, aber du lebst es nicht, du teilst es. Und in was teilst du's? In nervtötende Szenen auf der einen Seite und langweiligen Sex auf der anderen. *Tiger lässt das Band laufen.*

ALEX Mach lauter.
Wir hören den Streit zwischen einem Mann und einer Frau.

MANN *off* Aber was hast du gegen mich?

FRAU *off* Nichts, lass mich gehen!

MANN *off* Nein, du gehst nicht, du schuldest mir die Wahrheit. Und zwar jetzt. Du gehst nicht, bevor du mir nicht die Wahrheit gesagt hast.

FRAU *off* Also gut, du hast es so gewollt. Ich wollte ja nicht mehr als einfach so weiterleben wie bisher … aber wo du darauf bestehst …

TIGER Na bitte … hab ich Recht? HAB ICH VERDAMMT NOCHMAL RECHT? Schau dir den Scheiß an!

FRAU *off* Es ist wahr …

MANN *off* Was ist wahr?

FRAU *off* Ich liebe dich nicht mehr … da hast du die Wahrheit!

TIGER Nein!

ALEX Ja, aber das ist nicht …

TIGER Schnauze!

MANN *off* Komm her. Komm, setz dich und erkläre mir, wie das passiert ist …

TIGER Setz dich! Super!

ALEX Aber die sagt das nur, weil …

TIGER Weil sie ihn nicht mehr liebt! Das gibt's nicht.

FRAU *off* Es gibt nichts zu erklären, ich liebe dich nicht mehr, das ist alles.

TIGER Sie liebt ihn nicht mehr. Das gibt's nicht. Von wann ist das?

ALEX Weiß nicht, vorgestern.

MANN *off* Aber warum, du hast mich doch früher geliebt, nein?

144   tattoo

FRAU *off* Ja, sehr … und jetzt ist es vorbei.

TIGER Bad. Super bad.

MANN *off* Aber warum. Es muss doch einen Grund geben.

FRAU *off* Vielleicht. Aber ich kann's nicht erklären … Ich weiß nur, dass ich dich nicht mehr liebe.

MANN *off* Hör auf, das zu wiederholen!

FRAU *off* Du bringst mich doch dazu … du kannst es nicht glauben, also wiederhole ich es.

MANN *off* Ich glaub dir jetzt.

– –

Und wenn ich dir sagen würde, warum du mich nicht mehr liebst? Würdest du mir sagen, wenn ich Recht habe?

FRAU *off* Wenn ich es doch selbst nicht weiß …

MANN *off* Aber vielleicht erkennst du den Grund, wenn ich ihn dir nenne.

FRAU *off* Ja, dann, sag schon.

MANN *off* Erinnerst du dich, als vor ein paar Wochen dieser Typ vorbeikam und nicht mehr gehen wollte?

Der Mann und die Frau lachen.

FRAU *off* Du bist doof.

MANN *off* Was denn?

FRAU *off* Ich muss das können, bis morgen.

MANN *off* Bis wohin denn?

FRAU *off* Bis: »Ich verachte dich, du widerst mich an.«

MANN *off* Das kannst du doch schon.

FRAU *off* Aber ich muss es auch können, wenn ein sympathischer, junger, hoffnungsvoller Mann vor mir steht.

MANN *off* Denk dabei einfach an mich.

Tiger macht den Monitor wieder leise.

ALEX Das war aus diesem Stück, das die spielen will! Mepris? Diese Geschichte auf Capri.

TIGER Was für 'ne Geschichte?

ALEX Mepris. Godard? Moravia? *Zum Publikum* Mepris. Die Verachtung. Da ist dieser Theaterautor, Piccoli ist das, der kriegt also von diesem Produzenten den Auftrag, ein Drehbuch umzuschreiben für diesen Film, der auf Capri gedreht wird, und Piccoli will also seine Frau mitnehmen, die Bardot, aber die will erst nicht, weil sie wohl was ahnt, oder so. Ja. Also, die Geschichte zeigt eigentlich, wie der Film das Theater kaputtmacht, weil die Bardot mit dem Produzenten abhaut. Am Ende.

TIGER Ja. Ja ja.

ALEX War doch gut gespielt, eben.

TIGER Gut besetzt war das. Die sind so.

ALEX Aber es war gespielt.

TIGER Die können das nur spielen, weil die so sind.

ALEX Das ist doch ein Widerspruch.

TIGER Ja? Keine Ahnung. Aber so unter uns solltest du mir nicht immer widersprechen. Ich meine, nicht weil's mich stört, sondern weil's nicht gut ist für die Gesundheit. Echt. Der Mensch ist so gebaut. Der Mensch schaut Bäume an, wie sie wachsen, und er sagt: Es ist gut. Man muss sich die Sachen einfach reinziehen und nicht zu viel darüber nachdenken. Das machen deine Säfte für dich, das Denken. Ohne Denken kein Krieg. So ist das.

ALEX Aber ... in der Kunst ... die Leute denken doch nach, über unsere Kunst.

TIGER Deshalb m a c h e n wir doch Kunst, damit sich die Denker über unsere Scheiße den Kopf zerbrechen können.

ALEX Aha.

TIGER Natürlich. Weil in der Zeit stellen sie keine Dummheiten an, mit ihrem Denken. Das ist unser Beitrag zum allgemeinen Wohlsein. Was macht der Künstler? Er entführt das Denken des Betrachters in eine bestimmte Richtung, ohne dass es der Betrachter bemerkt. Wir sind Hijacker. Der Wert unserer Arbeit hängt davon ab, wie gut wir das Denken der Leute entführen können.

ALEX Ja ja. Aber wohin?

TIGER Was?

ALEX Entführen. In eine bestimmte Richtung, hast du gesagt.

TIGER Ja, die Richtung ist egal, bloß weg vom Denken. Die Leute denken nicht gerne, weil sie insgeheim wissen: Es führt zu nichts. Und in diesem Glauben musst du sie belassen.

ALEX Aber das stimmt doch nicht ...

TIGER Siehst du! Schon wieder!

ALEX Was?

TIGER Dein Widerspruch. Du verwickelst dich in Widersprüchen.

ALEX Ich verwickle dich in Widersprüchen.

TIGER Warum?

ALEX Weil ich nicht verstehe, was du sagst.

TIGER Aber das ist es doch. Anstatt dir das Zeug reinzuziehen, denkst du! Das führt zu nichts. Ich sollte dir hier nicht irgendwelche Sachen erklären. Es ist vollkommen kontraproduktiv. Wir sollten vielmehr schauen, wie wir hier weiterkommen.

ALEX Du sagst, Denken führt zu nichts …

TIGER Ja. Und in diesem Glauben musst du die Leute auch bestärken. Du musst ihnen das Gefühl geben, dass sie nie was verstehen werden, aber dass es okay ist, wenn sie nichts verstehen. Das schafft Erleichterung wie ein Furz an einem Familienfest.

ALEX Aha.

TIGER Und es steigert deinen Marktwert.

ALEX Ja?

TIGER Denk darüber nach.

ALEX Ich glaub, ich werde nie Künstler.

TIGER Künstler wird man nicht, man ist es.

ALEX Du musst doch was tun? Ich meine, um Künstler zu werden?

TIGER Ja. Du musst sagen, ich bin ein Künstler.

– –

Und du musst es so überzeugend sagen, dass dir alle aus der Hand fressen. Aber warum verrate ich dir hier alle meine Geheimnisse, statt dass wir hier weiterschauen?

ALEX Vielleicht, weil du väterliche Gefühle für mich hegst oder so.

TIGER Ja, vielleicht. Wenn ich mal wirklich sterben sollte, müsstest du an meine Stelle treten. Natürlich nur, wenn ich mal wirklich sterben sollte. Aber ich schwör's dir, ich werde ewig leben.

Tiger kann sich ein Lachen nicht verkneifen. Alex lacht mit.

2.
Alex, Fred und Lea

Sehr spät abends. Es scheint einige Zeit vergangen zu sein, denn die Wohnung von Fred und Lea hat sich verändert. Sie wirkt bewohnter. Lea lässt ein melancholisches Stück von Delarue laufen. Alle drei lauschen kurz, dann dreht sie den Monitor runter.

ALEX Tja.

FRED Ja ja.

ALEX Irgendwie Scheiße alles.

FRED Ja.

ALEX Seither ist alles anders.

LEA Ja.

FRED Lea ist auf Sendung gerade.

ALEX Ach so. Ja ja.

FRED Ja.

LEA Viel zu tun im Atelier?

ALEX Ja. Einiges. Aufräumen halt. Vielleicht bleib ich ja drin. Ich weiß noch nicht. Ich mach eben noch 'n paar Sachen fertig. Verschicke Material. Da waren ja noch zwei, drei Ausstellungen, die hatte er schon vorbereitet gehabt. Das mach ich eben fertig noch. Dann weiß ich auch nicht. New York Artfair. Große Sache. Die Leute sind jetzt natürlich erst recht scharf drauf. Könnt ihr euch ja vorstellen.

FRED Na klar.

LEA Ich krieg's noch immer nicht zusammen.

ALEX Ich auch nicht.

FRED Ist ja auch nicht lange her.

ALEX Einen Monat.

LEA Moment, wann war das Begräbnis?

FRED Weiß nicht, am

LEA Drei Wochen schon.

ALEX Ja.

LEA Es ist so abstrakt.

FRED Ich frag mich manchmal, ob's wirklich ein Unfall war.

148 tattoo

ALEX Hast du das Band nicht gesehen?

FRED Das Band?

ALEX Das Band. Es gibt ein Band, da lief 'ne Kamera, als es passiert ist.

FRED Ach so, ja. Hab ich gehört …

ALEX Ich muss es euch mal zeigen. Das müsst ihr mal sehen.

FRED Ich glaub, ich will's nicht sehen.

LEA Ich auch nicht.

ALEX Na ja. Es ist schon hart. Ich meine, du siehst ihn diese Karre steuern, mit dieser Fernbedienung, das war ein alter Cadillac, auf diesem Flugplatz, wir haben da diese Fernbedienung eingebaut am Lenker, und dann siehst du, wie er plötzlich die Kontrolle verliert und wie der Scheißcaddy, wie der 'ne Kurve macht übers Gras und auf ihn zurast, auf offenem Feld. Und er fliegt in hohem Bogen durch die Luft …

LEA Das war für diese Videoinstallation, nein?

ALEX »You're driving me mad.«

LEA Hm?

ALEX Die hieß so. Die sollte so heißen, die Installation.

LEA Ach so. Ja.

ALEX Ja. Scheiße.

FRED Das meine ich doch, er hat sich irgendwie selber überfahren.

ALEX Die Fernsteuerung, die ist plötzlich ausgestiegen … *Alex hat Schwierigkeiten, die Fassung zu wahren.*
Immerhin hat er nicht lange gelitten.

FRED Ja. Immerhin.

ALEX Ja. Entschuldigt, ich bin etwas hinüber. Ich weiß nicht, ich führe jetzt hier seine Arbeit weiter, also zu Ende, und ich weiß nicht, ob das richtig ist, ja? Ob ich's nicht lieber gut sein lassen sollte. Ja? Ob's richtig ist, weiß ich nicht.

FRED Na ja. Du tust es ja für ihn.

ALEX Natürlich. Natürlich tue ich es für ihn. Aber ich nerv hier nur rum. Es ist eh schon spät.

LEA Es ist nicht spät. Es ist doch erst kurz nach Mitternacht, das ist doch nicht spät! Du kannst jederzeit vorbeikommen. Das weißt du.

FRED Ja. Wenn's dir schlecht geht, kommst du eben vorbei. Das ist doch klar.

LEA Dafür sind Freunde doch da, dass man jemanden hat, wenn's einem schlecht geht. Nein?

ALEX Ja. Ja ja. Aber ich bin nicht da, weil's mir schlecht geht, eigentlich.

FRED Nein? Ja. Es ist ja egal, warum du da bist. Du bist eben da, und
wir müssen damit leben. Prost.

ALEX Prost. Das Ding ist, Tiger ... Also könnt ihr euch noch erinnern, vor ein paar Monaten, das war, nachdem wir aus L. A. zurück-
gekommen sind, war das, glaube ich. Da hat er mit euch 'ne Abmachung getroffen.

LEA Ne Abmachung getroffen? Was für 'ne Abmachung?

ALEX Er hat mir, also, nach seinem Unfall, also kurz bevor er weg
war, da hat er mir von eurer Abmachung erzählt.

FRED Du meinst, er hat sich erinnert ... an ...?

ALEX An diesen Abend.

FRED Ach so, ja. Wir hatten einen ziemlich lustigen Abend, an dem
Abend. Wir waren alle ziemlich betrunken.

LEA Ja, wir haben viel Blödsinn geredet.

ALEX Tiger hat gesagt, du hättest ihm ein Versprechen abgegeben.
Und er hat gesagt, er vertraut nur dir. Er hat das sehr ernst genommen damals, offenbar, weil, er hat mir davon erzählt. Er hat irgendwie geahnt, dass es zu Ende geht, und er hat mir davon erzählt. Es
war ihm sehr wichtig. Es war sein letzter Wunsch. Er wollte um
jeden Preis sein Versprechen halten ...

LEA Er wollte sein Versprechen halten? Aber das geht doch nicht!

FRED Natürlich nicht, jetzt wart doch mal.

ALEX Also ich konnte es erst gar nicht glauben, ich wollte davon
nichts wissen erst. Er lebte ja noch, und ich wollte mir echt keine
solchen Sachen anhören von ihm. Ich sagte: »Du spinnst doch,
Mann.« Aber, aber es war ihm, na ja, es war ihm todernst eben.

FRED Es war ihm todernst?

ALEX Ja. Und deshalb, als er dann tot war, da hab ich alles Notwendi-
ge unternommen.

LEA Wie? Was denn?

ALEX Ich hab mich beim Bestattungsinstitut informiert, erst, über den
Ablauf des Begräbnisses. Erinnert ihr euch an die Zeremonie?

LEA Natürlich.

ALEX Ja. Erinnert ihr euch, als der Sarg nach hinten fuhr, durch die
Wand durch, und ich bin aufgestanden und raus?

FRED Ja.

150 tattoo

ALEX Na ja, ich bin ums Haus rum gerannt, hinten rein in die Auf-
bahrungshalle, und da hab ich den Körper mit Sandsäcken ver-
tauscht, bevor die Speech fertig war. Volles Timing. Ich hatte genau fünf Minuten, um den Körper aus dem Sarg zu klauen. Die
haben Sandsäcke begraben. Während des Begräbnisses haben alle
geglaubt, er sei da drin, aber da war er bei mir im Kofferraum.

FRED Nein?

ALEX Doch.

– –

LEA Das ist doch der totale Scheiß, nein? Das stimmt doch nicht!

ALEX Er steht vor der Tür.

LEA Wer?

ALEX Tiger.

FRED Wie?

ALEX Plastifiziert.

FRED Wie, er steht vor der Tür?

ALEX Hab ihn mitgebracht.

FRED Was erzählst du da? Was redest du für 'n Scheiß?

ALEX Wenn ich's dir doch sage.

FRED *lacht* Du verarschst, uns jetzt gerade. Er verarscht uns! Du hast
uns voll verarscht, gerade! Ich fass es nicht!

LEA Tiger ist TOT, VERDAMMT! Was erzählst du da?

ALEX Lea. Was kann ich dafür? Ich kann nichts dafür, und ich will
ihn deshalb auch nicht zu Hause rumstehen haben. Ich hab ihn heute Abend bei diesem Plastifizierer abgeholt und bin gleich hierher
gefahren. Ich hol ihn jetzt rein, und dann geh ich.

FRED Moment …

ALEX Ich hol ihn rein, jetzt. Wenn ihn da draußen einer sieht …

LEA Aber Tiger ist TOT!

ALEX Das meine ich doch. Das macht sich schlecht, im Treppenhaus.
Alex ab.

FRED *zu Lea* Das gibt's doch nicht.

LEA Nein.

ALEX *off* Fred? Kannst du mir helfen, hier über die Schwelle, ich
glaub, das wäre ganz gut.
Fred ab. Lea setzt sich völlig verwirrt an ihren Computer.

LEA Ja. Leute, das war Delarue. Eine Musik aus dem Film »Le Mepris«. Eine Liebesgeschichte, eigentlich. Da geht's um ein Paar, die

leben zusammen, und es taucht dieser eine Typ auf, der gibt dem Mann einen Job und klaut ihm nebenbei die Frau, ja? Der greift also richtig fett bei denen in die Zweisamkeit ein und bringt alles durcheinander. Am Ende gibt's Tote. Aber welche, das sag ich euch noch nicht.

Während Lea Musik laufen lässt, schieben Alex und Fred Tiger rein. Er steht mit nacktem Oberkörper in einer Glaskiste auf Rädern. Tattoos bedecken den gesamten Körper. Ein Kunstwerk. Alex steckt das Stromkabel, das unten aus der Kiste schaut, in eine Steckdose. Der Glaskasten leuchtet magisch auf. Lea tritt an die Kiste heran.

Das kann nicht sein!

FRED Natürlich kann das sein. Warum musst du ständig alles infrage stellen? Kannst du nicht einfach cool hinnehmen, was ist?

LEA Cool?

FRED Ja, cool, einfach. Easy.

LEA Moment, was redest du jetzt plötzlich wie Tiger? Was ist das? Warum steht da plötzlich der tote Tiger im Zimmer rum und du redest wie er?

ALEX Gute Kunst ist eben ansteckend.

Fred ist von Tigers unheimlicher Präsenz berührt. Er ist den Tränen nahe. Lea ist vollkommen schockiert und angespannt. Stille. Alle drei setzen sich und starren Tiger an, der sie ebenfalls anzuschauen scheint, so lebensnah wirkt sein präparierter Körper. Alex steht schließlich auf.

Ihr nehmt mir ein großes Gewicht von den Schultern, echt. Danke.

Lea verliert die Nerven.

LEA Moment. Moment. Es kommt nicht infrage, dass du das hier lässt. Du nimmst das mit und haust ab.

Alex klopft ihr auf die Schulter.

ALEX Ich versteh schon, ich versteh dich schon. Ich hatte echt auch meine Schwierigkeiten. Aber es wird schon. Das schaffst du schon.

LEA Gar nichts wird! *Zu Fred* Sag was, verdammt!

Fred sagt nichts.

ALEX Ihr habt ihn geerbt, Lea. So ist das eben mal. Ich kann doch Tiger nicht wieder mitnehmen. Wohin soll ich mit ihm? Er gehört euch. Er wollte es so. Ach ja. Das da solltet ihr nie abdecken, sonst verfault er. Da kommt die Frischluft rein, die wird da gefiltert, das

152   tattoo

Ding braucht Luftzirkulation. Da ist der Stecker, den müsst ihr unbedingt einstecken, immer. Ja? Ja. Dann …

LEA Moment. Warte. Du kannst doch nicht einfach …

ALEX Ja. Und da ist ein Lichtschalter, für Abends.

LEA O Mann …

ALEX Und ab und zu abstauben, vielleicht. Ja? Ich geh dann mal. Ich muss mal weiter jetzt. Ihr habt ja sicher was zu tun oder zu besprechen noch oder auszudrucken und so. Also. Dann.

Lea macht eine zögerliche Geste, um ihn zurückzuhalten, aber Alex ist schon weg.

Tiger in der Wohnung

Etwas später. Der Körper steht in der Mitte des Raumes. Fred und Lea sind noch immer schockiert. Sie schweigen lange. Dann:

LEA Du hast überhaupt nichts getan! Du hast überhaupt nichts getan, hast du!

– –

Wir hätten ihn nie abhauen lassen sollen.

Lea und Fred gehen um den Körper herum.

Wir können doch nicht zusammenleben, mit dem da? Mit diesem … Ding da.

FRED Körper. Das ist ein Körper.

LEA Was auch immer. Jedenfalls kann man doch nicht leben, mit so was. Kann man so was noch begraben? Ich meine, eine Begräbnisfirma, würde die so was begraben?

FRED Sie würden dich jedenfalls fragen, wer das ist. Außerdem war's ein Versprechen. Du hast es ihm versprochen, dass du dich um ihn kümmern wirst.

LEA Ja und? Man muss sich doch nicht um jeden Preis an jedes debile Versprechen der Welt halten? Nein? Das war kein Versprechen, das war ein Versprecher.

FRED Vielleicht können wir ihn verkaufen. Schließlich brauchen wir Geld! Ist sicher wertvoll.

LEA Nein, verkaufen nicht. Das wollte er auf keinen Fall, verkaufen. Das weiß ich noch.

FRED Wir sind in Not. Das würde er sicher verstehen.

LEA Würde er nicht. Er war nie in Not.

FRED Dann in den Keller oder unters Dach mit ihm und nicht mehr darüber reden.

LEA Das bring ich nicht übers Herz. So kann ich nicht leben. Tiger im Keller. Das geht nicht.

FRED Und irgendwelchen Freunden schenken? Vielleicht können wir jemandem eine Freude machen.

LEA Mit 'nem plastifizierten Toten?

FRED Ist doch Kunst, nein?

LEA Wenn's Kunst ist, können wir's auch behalten.

FRED Irgendwie hängst du an ihm.

LEA Ich weiß nicht, wohin mit ihm! Das heißt noch lange nicht, dass ich an ihm hänge, verdammt!

– –

FRED Wir müssen Alex dazu bringen, den Körper zurückzunehmen.

LEA Wir müssen ihn der Polizei übergeben.

FRED Alex?

LEA Tiger. Die werden schon was anfangen können damit.

FRED Werden sie nicht. Das ist Kunst, davon verstehen die nichts. Und sie werden fragen, woher wir ihn haben. Wir müssen mit einem Anwalt reden.

LEA Mit einem Psychiater auch vielleicht.

FRED Moment. Es ist Kunst. Es ist Kunst. Es ist Kunst, nein? Wir müssen das Ding einem Museum geben.

– –

LEA Ich fass es nicht. Was ist, wenn Besucher kommen?

FRED Sag ich doch! Wir müssen es einem breiten Publikum zugänglich machen.

LEA Ich meine zu uns, nach Hause! Hierher!

FRED Besucher?

LEA Ja. Ich meine, wenn jemand zu Besuch kommt, was machen wir?

FRED Was sollen wir machen? Willst du Eintritt verlangen?

LEA Was redest du ständig von Geld, verdammt?

FRED Ich dachte, du willst aus unserer Wohnung ein Museum machen.

LEA Nein. Will ich nicht.

FRED Wir müssen das Ding loswerden.

LEA Das Ding ist aber Tiger!

FRED Darauf können wir jetzt keine Rücksicht nehmen! Tiger ist eine Leiche, und er kann nicht von uns erwarten, dass wir mit einer Leiche zusammenleben wollen, auch wenn sie noch so schön verziert ist.

LEA Was willst du denn tun?

FRED Wir müssen ihn zerteilen. In kleine Teile, und dann ins Klo kippen und spülen.

LEA Und so tun, als wäre nie was gewesen.

FRED Ja.

LEA Du kannst doch nicht deinen alten Freund ZERTEILEN und ins Klo kippen und vergessen. Das ist doch voll abartig.

FRED Das ist nicht mein alter Freund! Das war DEIN Freund. Da steht's. Da! L-E-A. Da! Und DU hast ihm das versprochen. Nicht ich.

LEA Doch, du auch.

FRED Ich war besoffen.

LEA Dann halte ICH eben mein Versprechen, und er wird nicht zersägt!

FRED Du hättest ruhig ein paar von diesen blöden Frauenrollen spielen können. Dann wären wir jetzt nicht so in der Scheiße. Dann wäre das Gespräch mit Tiger damals ganz anders verlaufen.

LEA Zuhälter. Du bist ein verdammter Zuhälter! Es wäre vielleicht alles anders, wenn der Herr Zuhälter nicht um jeden Preis einen Roman schreiben müsste, vielleicht. Weil, vielleicht ist er nicht geschaffen für so was! Und ich verstehe nicht, warum er sich so versteift auf diese Idee. Ein ausgestopfter Tiger in der Wohnung macht nämlich noch keinen Hemingway aus dir.

FRED Fuck! Echt! Ich hab's echt satt, von Tiger zu reden.

LEA Was denn? Wir sprechen von Tiger, weil er vor uns steht und weil er da auch stehen bleibt die nächsten zehn Jahre, wenn wir nicht was tun.

FRED Ja. Und warum steht er da? Weil er eigentlich schon immer da gestanden hat. Weil er schon immer da stehen wollte. Zwischen uns.

LEA Von was redest du?

FRED Ach komm. Die Jahre, die ihr zusammen in der Schule verbracht habt, seid ihr doch beide nie losgeworden.

LEA Was redest du jetzt davon?

FRED Ich weiß doch, wie wichtig die Geschichte für ihn war. Und für dich auch.

LEA Das war doch eine Freundschaft. Das war platonisch.

FRED Ja? Ja. Aber wie soll ich dagegen ankommen? Seit ich dich kenne, schwebt er jedenfalls über uns wie ein verdammter Geist.

LEA Das ist doch normal. Er hat uns doch vorgestellt.

FRED Du hast mal gesagt, für dich wird er immer da sein.

LEA Ja! Weil's ein guter Freund war!

FRED Na ja. Jetzt versteh ich zumindest besser, was du gemeint hast. Ich hab mir zwar 'ne »ménage à trois« immer etwas lebendiger vorgestellt, aber was soll's.

Naomi weint

Eine Woche später. Fred und Lea stehen etwas betreten in der Wohnung herum.

FRED Findest du nicht, dass sie ein wenig spielt?

LEA Was?

FRED Ich finde, sie spielt, ich weiß nicht. Ich kann das nicht ernst nehmen. Ist doch Theater, was die da macht.

LEA Wie kannst du so was sagen? Ich weiß, dass du sie nie ausstehen konntest, aber das ist echt vollkommen respektlos. Sie ist meine Schwester.

FRED Halbschwester. Sei doch ehrlich, dass ist dir doch bisher auch nicht aufgefallen, was Tiger für Naomi bedeutet hat. Außer ein gutes Geschäft. Oder zwei.

LEA Na und? Es war eben eine richtig große Liebe, offenbar, insgeheim. Dir sieht man ja auch nicht an, dass du mich magst. Aber wenn du mich verlieren würdest, wärst du vielleicht auch in ihrem Zustand. Das ist doch normal! Nein? Nein. Es wäre dir vermutlich egal.

FRED Wir sind doch keine Businessbekanntschaft, verdammt. Was erzählst du da?

LEA DU NERVST! DU NERVST!

Naomi kommt aus dem Bad. Sie hat offenbar gerade geweint, sie ist noch etwas benommen. Naomi bemerkt den Streit zwischen Fred und Lea.

NAOMI Tut mir Leid. Es ist so ein Schock. Tiger ... er war ... mein kleiner Tiger ...

LEA Ich weiß, Nai.

NAOMI Er war meine große Liebe.

LEA Ich weiß doch.

NAOMI Wir haben uns geliebt.

LEA Ja. Er mochte dich auch, das weiß ich.

NAOMI Woher weißt du das?

LEA Das hab ich ihm angesehen.

NAOMI Ach so. Ich dachte, er hätte mal was gesagt.

LEA Nein. Aber er war ja auch kein Exhibitionist.

– –

Was seine Gefühle angeht, meine ich.

NAOMI Wir waren füreinander gemacht.

FRED Ja. Ihr habt euch gut verstanden, beruflich. Was?

NAOMI Wir waren ein Paar.

FRED Ach so. Ja. Das wussten wir nicht.

NAOMI Er war der Mann, den ich mein Leben lang gesucht habe, der Mann meines Lebens, war er.

FRED Ja. Er war ein sehr wertvoller Mensch. Und irgendwie ist er auch im Tod seinem Wesen treu geblieben.

LEA Hör nicht auf ihn, Nai. Er ist auch ganz durcheinander, seit Tiger bei uns ist. Es tut mir Leid, echt. Ich dachte, vielleicht freut es dich, ihn wiederzusehen.

NAOMI Ich bin alt, Lea. Ich will nicht mehr.

LEA Was redest du? Du bist in den besten Jahren.

NAOMI Aber mein Leben ist sinnlos, Lea. Ich will sterben.

Naomi weint wieder. Lea ist völlig verloren, sie hat ihre Schwester noch nie in einem solchen Zustand gesehen. Lea nimmt sie in die Arme. Fred nimmt sich was zu trinken.

LEA Hey, Naomi. Das wird schon. Du wirst sehen. Das geht vorüber.

NAOMI Lea ...

LEA Was denn?

NAOMI Kann ich ...?

LEA Willst du bei uns schlafen, heute?

NAOMI Kann ich ...?

LEA Was denn? Du kannst alles, was du willst, Nai!

NAOMI Ich möchte Tiger.

LEA Was?

NAOMI Ich möchte ihn bei mir haben.

LEA Tiger?

NAOMI Ja.

– –

LEA Na ja.

NAOMI Du willst ihn mir nicht geben?

LEA Doch, doch. Nichts lieber als das. Ich … wir haben eh nicht viel
Platz, und er steht so ein wenig zwischen uns, im Moment …

NAOMI Ich hab zwar … also Alex hat mir das Video von seinem Unfall gegeben. Das schau ich mir immer an, in der Galerie. Aber das
ist einfach nicht dasselbe, in 2D.

LEA Natürlich. Das versteh ich … aber, weißt du, Tiger – ich hab ihm
versprochen, mich nie von ihm zu trennen.
Naomi weint wieder drauflos.
Fred, sag du was.

FRED Was denn?

LEA Naomi möchte Tiger bei sich haben.

FRED Was soll ich denn sagen? Das geht nicht. Da gibt's nichts zu
sagen.

LEA Ich meine, Nai, was würde Tiger dazu sagen? Wir haben ihm
was versprochen!

NAOMI Aber er wird doch nichts erfahren! Ihm ist doch alles egal jetzt!

LEA Es geht doch ums Prinzip, nein?

NAOMI Aber ihm war doch eh immer alles egal! Er hat doch auf Prinzipien … die waren ihm doch egal, immer, Prinzipien, das war doch
sein einziges Prinzip! Es geht doch um uns jetzt! Um uns!

LEA Ja. Na ja …

NAOMI Bitte! Bitte! Lass mich bei ihm sein …

LEA Aber das ist doch, das kann nicht gesund sein, sich an so was
Plastifiziertes zu binden, Nai.

NAOMI Ich ertrage es nicht zu wissen, dass er bei euch rumsteht. Ich
bin eifersüchtig. Ja. Ich geb's zu. Ich bin eifersüchtig, was soll's.

LEA Das brauchst du aber echt nicht. Ich weiß nicht. Mich nervt der
doch nur hier. Er ist mir total egal. Ich meine, er stört mich nicht,
ich hab mich an ihn gewöhnt und so, aber ich hänge nicht an ihm.
Echt.

158 tattoo

NAOMI Dann gib ihn mir.

Lea blickt zu Fred.

LEA Na ja. Wir haben eh keinen Platz.

NAOMI Bitte!

LEA Aber nur wenn du mir versprichst, dich gut um ihn zu kümmern.

NAOMI Versprochen.

LEA Fred ist auch einverstanden. Nein?

FRED Lea. Sag mal …

LEA Was denn?

FRED Komm mal …

Fred und Lea etwas abseits.

Warum lässt du dich, seit ich dich kenne, von deiner Schwester an der Nase herumführen?

LEA Was denn?

FRED Warum machst du ALLES? ALLES, was deine Schwester von dir verlangt?

LEA Weil sie mir Leid tut. Weil sie meine ältere Schwester ist, und unglücklich. Wie kannst du so was sagen? Und unter diesen Umständen noch dazu? Sie hat niemanden. Sie hatte Tiger, und jetzt hat sie niemanden. Wir brauchen Tiger nicht. Es geht uns auch ohne Tiger gut. Ihr nicht. Was ist? Was ist? Brauchen wir eine verdammte Leiche im Wohnzimmer?

FRED Mach, was du willst.

Lea wendet sich wieder Naomi zu.

LEA Fred ist auch einverstanden.

Fred wendet sich ab. Naomi steht auf.

NAOMI Es tut mir so Leid. Ich werde jetzt gehen.

LEA Nein. Es ist alles gut. Du kannst ihn mitnehmen.

NAOMI Nein … ich schaff's schon.

LEA Du nimmst ihn jetzt mit, Nai. Bitte. Oder du kommst ihn in den nächsten Tagen holen.

NAOMI Ich hab gerade den Break unten stehen.

LEA Na also, ist doch super!

NAOMI Per Zufall.

FRED Na also. Ist doch ein super Zufall.

LEA Ja!

NAOMI Seid ihr sicher?

LEA Sicher! Komm, wir fackeln nicht lange. Komm, ich helf dir. Wir bringen ihn gleich runter. Um die Uhrzeit ist auch niemand mehr auf der Straße. Er ist auch ganz leicht, so ohne nichts drin. Hilfst du mir über die Schwelle?

Lea hilft Naomi, den Glaskasten mit dem Körper rauszurollen.

160 tattoo

3.
Andere Zeiten

Tiger und Alex begutachten Videomaterial. Auf dem Monitor sehen und hören wir folgende Szene: Lea liegt mit Fred auf dem Bett rum.

FRED Solltest du nicht was erzählen, den Leuten?

LEA Das geht gerade nicht.

FRED Warum nicht.

LEA Weil du mich daran hinderst.

FRED Aber ich tu doch nichts.

LEA Eben. Wenn du mir ein wenig von deiner Zuneigung zuteil werden ließest, würde es sich viel leichter arbeiten.

FRED Du weißt doch, wie zugeneigt ich bin.

LEA Ich weiß gar nichts.

FRED Du wüsstest das, wenn du nur ein wenig geneigt wärest, meine Position zur Kenntnis zu nehmen, wüsstest du das.

LEA Was ist denn deine Position?

FRED Horizontal. Ich bin ganz horizontal, so geneigt bin ich. Und das, obwohl du deine Rolle vernachlässigst.

Sie lachen.

LEA Ich hab die Rolle.

FRED Welche?

LEA Mepris.

FRED Ach so… »Ich liebe dich nicht mehr, da hast du die Wahrheit.«

LEA Genau! »Ich verachte dich, du widerst mich an!«

FRED Aha.

LEA Was, »aha«?

FRED Na ja. Das ist doch diese Produktion ohne Geld.

LEA Na und?

FRED Und wir haben nichts zu essen.

LEA Aber die Rolle ist gut. Und wenn Leute kommen, wenn's gut läuft, werden wir auch bezahlt. Wir müssen nur einfach gut sein.

Lea steht auf und geht zu ihrem PC.

FRED Was machst du?

Lea gibt den nächsten Song ein und lässt ihn laufen.

tattoo 161

LEA Wir haben nichts zu essen, also spiele ich das nächste Lied. *Deutet auf Tiger.* Warum hast du ihn umgestellt?

FRED Weil er mich da drüben stört. Ich finde, er sollte da stehen. Ist besser.

LEA Eine ganze Woche schon. Ich werde mich nie dran gewöhnen. *Tiger spult etwas vor.*

TIGER Ich hätte auch Lea genommen, für die Rolle.

ALEX Im Film war's aber Brigitte Bardot. Ist doch ein Unterschied zu Lea, nein?

TIGER Ja? Ja. Aber die Zeiten haben sich geändert.

ALEX Du meinst, was Schönheitskriterien angeht.

TIGER Ja. Auch. Der Bardot-Typ zieht nicht mehr.

ALEX Ja ja.

TIGER Okay. Lea ist nicht irgendein Model oder so, aber sie hat Charakter. Das hätte dir eigentlich mal auffallen müssen. Dass Lea Charakter hat.

ALEX Sie sieht speziell aus, das stimmt.

TIGER Das mein ich nicht. Sie hat Persönlichkeit. Das zählt.

ALEX Du meinst, sie hat was da drin, oder so was?

TIGER She got soul, man. Was auch immer das ist.

ALEX Echt. Wirkt ein wenig anachronistisch gerade, wenn du so Sachen sagst.

TIGER Ich wirke, wie ich will.

ALEX Das kann ich mir eben gerade überhaupt nicht vorstellen, dass du wirken willst, wie du wirkst.

TIGER He. Brems mal mit dieser Scheiße, ja?

ALEX Ja ja. Weißt du übrigens, was wirklich Scheiße ist? Wenn sie uns in einen kleinen Saal schieben, bei der Artfair. Das wäre Scheiße. Das könnte uns passieren.

TIGER Woher nimmst du das?

ALEX Hab ich gehört.

TIGER Was, wie, du hast gehört? Von wem? Wer sagt das?

ALEX Weiß nicht, hab ich so gehört.

TIGER Von WEM, verdammt? Von WEM?

ALEX Keine Ahnung. Leute eben.

TIGER Wie kommen die dazu? Wer sagt das?

ALEX Keine Ahnung. Hab nur gehört, »ein Toter wiegt noch lange keinen Lebenden auf«, oder so was.

162   tattoo

TIGER Wer sagt so was?

ALEX Das war an diesem Essen, ich glaub, es war François Rosenbaum. Oder Jennifer Dough. Weiß nicht.

TIGER Du warst mit Rosenbaum essen?

ALEX Ja.

TIGER DEM Rosenbaum?

ALEX Ja. Saß neben ihm. Warum?

TIGER Aha. Und warum sagst du mir nichts?

ALEX Weiß nicht, hab nicht drüber nachgedacht.

TIGER Aha. Na ja. Dann. Und der sagt was?

ALEX Weiß nicht. Vielleicht war's auch Jennifer.

TIGER Was, verdammt?

ALEX Weiß nicht, die saß mir gegenüber. Meinte, dass sie neue Typen pushen wollen oder so, weiß nicht. Und blabla, die Regeln des Star-Systems und so.

TIGER Es gibt doch nichts, was so zieht wie ein Toter, verdammt. Sind die blöd? Was soll das? Und wer soll das sein? Der Ersatz?

ALEX Ich sag dir, ich weiß nicht.

TIGER Es ist doch zum Kotzen, echt. Ich meine, da siehst du's. Wenn ein Typ stirbt, in der Kunst zum Beispiel, wie schnell die dich ersetzen und bla. Ist echt eine hässliche Welt eigentlich, was? Hässlicher, als ich je vermutet habe.

ALEX Ja. Die Lebenden haben immer Vortritt, irgendwie.

TIGER Vortritt?

ALEX Vor den Toten.

TIGER Etwas Respekt den Alten gegenüber ist nichts Schlechtes. Etwas Respekt.

ALEX Ja, Respekt ist cool. *Alex scheint etwas verlegen zu werden.*

TIGER Haben sie denn keine Namen genannt?

ALEX Nee.

TIGER Aha.

Sie schauen Bilder an. Plötzlich sehen sie Naomi, die weint.
Schau mal, Nai. Was weint die da bei denen rum? *Er spult vor. Er sieht bewegte Bilder von einem Gang, von einer Straße etc.*
Scheiße, das gibt's nicht, das darf nicht sein, verdammt! Du kennst doch Nai. Du kennst sie doch. Wir müssen was tun.

Naomis Deal

In der Galerie. Im Vordergrund sitzt Naomi an einem Schreibtisch. In einer Ecke steht der tote Tiger hinter Glas. Wir sehen Tigers Unfall als Loop auf einer Leinwand in der Mitte der Galerie. Naomi ruft einen alten Kunden aus San Francisco an. Der Lautsprecher ist an, weil sie während des Gesprächs Briefe und Pakete öffnet. Unter anderem packt sie eine kleine Skulptur (eine zur Faust geballte Hand) aus.

JIM *off* Harris?

NAOMI Jim, it's Nai!

JIM *off* Nai! Hi Nai!

NAOMI Hi Jim. How are things?

JIM *off* Fine! Fine! We're shooting three flicks at the time. Busy as ever. It's crazy. People want us. They WANT us. You know. They'd eat us alive. What about you?

NAOMI I'd eat you alive too, you know that.

JIM *off, lacht* Yeah? You're funny, Nai. So what have you got besides good news?

NAOMI Nothing! Can you imagine?

JIM *off* No way!

NAOMI I swear!

JIM *off* You mean, you got him?

NAOMI I got him, he's looking at me right now.

JIM *off* Lucky bastard. So we got a deal?

NAOMI There's a few things we have to talk about.

JIM *off* What do you mean? Like what?

NAOMI Still interested?

JIM *off* Wait a second, you're not planing on letting me down, are you?

NAOMI No. Why should I? Besides, how's Chris doing? Did he recover, yet?

JIM *off* Ah, Nai, you don't miss a single opportunity, do you?

NAOMI Oh, sorry. No. No. You know I always liked him, Jim. That was a sincere question, you know I always liked him!

JIM *off* Just kidding, Nai. You know what? We're back together again.

NAOMI No!

JIM *off* Yes!

NAOMI That's great!

JIM *off* Since Friday.

NAOMI I'm so happy for you two!

JIM *off* Yes.

NAOMI That's … great.

JIM *off* Yes. It's better that way.

NAOMI Yes.

> *Fred und Lea betreten die Galerie. Naomi hört sie aber nicht kommen und telefoniert weiter. Die beiden bleiben stehen und lauschen.*

JIM *off* Yeah. We'll see. It's fun. It's like in the old days.

NAOMI Beautiful.

JIM *off* What about you?

NAOMI Me?

JIM *off* Men?

NAOMI Well, I'm just sending you my last one.

JIM *off* Nai, you're an animal.

NAOMI Life's a bitch, Jim.

JIM *off* I know. But nobody told me they'd sell you, once you're dead.

NAOMI Only if you're worth it.

JIM *off* What's my value, Nai?

NAOMI You're worth a lot, but only as long as you're alive.

JIM *off* So tell me: How come old Tiger is worth so much now that he's gone?

NAOMI I don't know, Jim. You want him, don't you?

JIM *off* I want to help you get rid of a dead body, that's all.

NAOMI Well, that's the thing: There's many others knocking at my door, and they all have the same burning desire.

JIM *off* That's because you are who you are, Nai.

NAOMI Let me just tell you, you're buying the piece of all pieces. I know it's a lot of money. But I tell you, it's worth the price.

JIM *off* I know.

NAOMI I mean this is big. This is sooo big.

JIM *off* Yeah? Say Chris will like it?

NAOMI I don't know about that. You're a pig, Jim. You're a pig.

JIM *off* You sound so cute, saying that.

NAOMI You're a pig. But it suits you well.

JIM *off* So what's next?

NAOMI We have to organize the shipping and custom stuff. I have a
friend at the embassy, he'll help us out. He'll need some percentage
but I'm sure we'll find a fine solution for all of us.

JIM *off* Great.

NAOMI Oh, besides, I've got this young guy here, he might be up your
alley. Very much so, actually. He's going up up up, I tell you.
Young guy. Alex. You should have a look at him. You know me.
My feeling's always right.

JIM *off* I know, Nai. I know. What's his name?

NAOMI Alex. Alex. Just Alex. You know, young guy, his work's a lot
like Tiger's in many ways.

JIM *off* He's dead, too?

NAOMI No, not yet. O God! NICHT! NEIN! Sorry, Jim.
*Fred will sich setzen und nähert sich einem Sofa. Naomi bemerkt
ihn und seine Absicht.*
Nicht. Das ist ein Armleder!

FRED Aha. Ich dachte, das sei ein Sofa.

NAOMI Ja, das ist ein Sofa von Armleder!

FRED Ist es kaputt?

NAOMI Nein. – Sorry, Jim.

JIM *off* That's fine. I think we're all set. I'll leave you with your
guests. And get that Tiger over here as soon as you can.

NAOMI Ah … right. Yes. We'll see … bye, Jim.

JIM *off* Bye …
Naomi hängt auf.

Armleder & Co

Eine peinliche Stille.

FRED Du bringst also den Tiger bald dahin, ja?

NAOMI Wohin?

FRED Was weiß ich wohin? Du hast ihn verkauft.

NAOMI Woher nimmst du das?

LEA Die Frage ist mehr, woher nimmst du d a s ? *Deutet auf Tiger.*

NAOMI Seit wann seid ihr schon da? Ich hab euch nicht kommen hören.

LEA Ja. Deine Glocke ist wohl kaputt, keine Ahnung.

NAOMI Es gibt keine Glocke. Hättet ja nicht schleichen müssen wie Diebe.

LEA Diebe? Was … was erhebst du hier die Stimme … ich …

NAOMI Ich bin hier in meiner Galerie, und ich tue hier, was ich will, ich erhebe meine Stimme, wie ich will, und ihr habt mir nicht zu sagen, wie ich mich benehmen soll. Ihr habt mich erschreckt.
Fred setzt sich aufs Sofa.
Fred! Steh sofort auf. Das ist ein Armleder, verdammt!

FRED Es ist mir eigentlich gerade vollkommen egal, was für ein Leder das ist und auch welcher Armleuchter sich damit hervortut. Ich bin müde.

NAOMI Du sitzt auf einem Kunstwerk, das du dir in deinem ganzen Leben nie wirst leisten können!

FRED Warum hast du Tiger verkauft?

NAOMI Du stehst jetzt sofort auf.

FRED Warum?

NAOMI Weil's viel Geld kostet.

FRED Wie viel?

NAOMI 100 000.

FRED Du hast Tiger für 100 000 verkauft?

NAOMI Was? Ich bin doch nicht blöd, der Armleder kostet so viel.

FRED Und Tiger?

NAOMI Du stehst jetzt auf.
Fred zieht einen Schlüsselbund aus der Tasche und sticht mit einem Schlüssel ins Sofa.
Nein! Bitte. Nicht!

FRED Für wie viel hast du Tiger verkauft?

NAOMI Nicht … bitte. Weiß nicht, hängt noch von ein paar Sachen ab. Der Kurier und so. Ich konnte ihn nicht hier behalten, es war zu viel.

LEA Was war zu viel? Hat man dir zu viel geboten?

NAOMI Lea, bitte. Ich kann nicht in derselben Stadt wie Tiger existieren. *Zu Fred* Bitte, nicht.

FRED Du hättest uns doch was sagen müssen, nein? *Zu Lea* Hab ich dir nicht schon immer gesagt, wer sie ist, deine Schwester?

LEA Sie ist nicht meine Schwester.

NAOMI Wer bin ich denn?

FRED Eine verdammte Betrügerin! Es genügt dir nicht, dass du Ramsch zu astronomischen Preisen verkaufst wie andere kleine Brötchen. Nein, du musst auch noch deine Schwester betrügen …

LEA Halbschwester.

FRED Egal. Und deinen toten Lover verhökern. Du hättest uns doch zumindest was sagen müssen, nein?

NAOMI Das hätte ich doch. Das hätte ich doch. Was denkst du denn?

LEA Du hast uns verraten, Nai. Du hast uns verdammt nochmal betrogen. Das gibt's doch nicht! *Lea hängt ihren Mantel an einen Kleiderständer.*

NAOMI Nein, nicht, das ist ein Ku… Ku… Kounellis!

LEA Kuckuck, Kounellis.

NAOMI Lea. Sei doch vernünftig …

FRED Vernünftig? Woher nimmst du das? Das kommt doch sonst nicht vor in deinem Leben, das Wort.

NAOMI Von was redest du?

FRED Ich tue jetzt was Vernünftiges, ich werde dich ganz einfach der Polizei melden. Ich hab's bis da. Deine Drecksgeschäfte.

NAOMI Du willst ihre Schwester an die Polizei ausliefern?

LEA Halbschwester.

FRED Wenn du dich nicht erinnern kannst, was unsere Abmachung war, dann kann ich mich auch nicht mehr erinnern, wer du bist. Ich kenne dich nicht mehr.

NAOMI Die würden mich einsperren.

FRED Ein Problem weniger.

NAOMI Was redest du da? Ich hab euch immer unterstützt. Ich hab immer zu euch gehalten. Warum meinst du, dass du die Rolle in Mepris hast? Warum meinst du, dass du die hast? Dank wem?

LEA Weil sie mich mögen. Weil sie finden, dass ich gut bin fur die Rolle.

NAOMI Und weil i c h sie erst mal auf dich aufmerksam gemacht habe, weil du unfähig bist, dich zu verkaufen, und weil ich den Produzenten belagert habe, i c h hab ihm gesagt, er soll dir ein Vorsprechen verschaffen, weil ich an dich glaube, darum!

LEA Ach? Im Ernst?

– –

168 tattoo

Du … du … DU VERDAMMTE MENSCHENHÄNDLERIN!
DAS BIST DU! DU MISCHST DICH IN FREMDE GESCHÄF-
TE! DU VERKAUFST MENSCHEN! DU HAST TIGER VER-
KAUFT!

NAOMI Mensch! Lea! Sei kein Kind! Ich meine, Tiger war doch völlig verrückt zu glauben, dass jemand seine ausgestopfte Leiche zu
Hause rumstehen haben will! Das will doch niemand, außer dieser
Bekloppte aus San Francisco. Ich wollte euch ja auch was abgeben,
vom Verkaufserlös …

LEA Ich verkaufe meine Freunde nicht.

NAOMI Er – ist – tot! Das hast du doch auch kapiert? Oder nicht?

LEA Das – ist – egal!

NAOMI Er wird es nie erfahren. Es ist egal!

FRED Was kriegst du für ihn?

NAOMI 400.

FRED 400 was?

NAOMI Dollar.

LEA Du verkaufst Tiger für 400 Dollar? Das ist ja geschenkt. Bist du
wahnsinnig?

NAOMI 1000.

LEA Was?

NAOMI 400 000.

LEA Aha.

NAOMI Ist doch ein guter Preis.

LEA Und Alex? Was sagt Alex dazu?

NAOMI Nichts, was soll er sagen?

LEA Der weiß doch, was ausgemacht war!

NAOMI Na und? Er kriegt ja auch was ab.

LEA Wie viel?

NAOMI Hab ihm 'ne Ausstellung organisiert. Er hat angefangen, Sachen zu machen.

LEA Alex?

NAOMI Ja. Ist ganz begabt, der Junge. Hab ihn unter Exklusivvertrag
genommen.

LEA Aha. Na ja.

NAOMI Also was ist? 70/30? Ist das was?

LEA 70 für wen?

NAOMI 120 000 für euch. Morgen habt ihr's auf eurem Konto.

tattoo 169

FRED Moment. Moment. Du verkaufst Tiger, der uns gehört, ohne uns zu fragen, und bietest uns 30 Prozent an? Hab ich das richtig verstanden?

NAOMI Ich mach die Arbeit, nicht du. Vergiss das nicht. Du hast was geerbt. Ich arbeite. Was ist ehrenhafter?

FRED Das steht nicht zur Debatte. Ich besitze etwas, ein Agent verkauft es, wer kriegt den Großteil der Kohle, das ist die Frage. Und in dem Fall hatte der Agent noch nicht mal einen Auftrag. *Fred greift auf Naomis Tisch nach einer Visitenkarte.*
Jim Harris. Blabla ... San Francisco. Das ist doch seine Karte, nein? Ja dann.

NAOMI Gib her. Du hast doch keine Ahnung, wie du die Ware liefern kannst. Wie willst du einen Toten nach San Francisco bringen? Hm? Keine Ahnung habt ihr. Gib her.

FRED 70/30 für uns.

NAOMI 60/40 für mich.

LEA 50/50. Wir machen 50/50. Was ist?

NAOMI Ihr seid Halsabschneider.

FRED 60/40 für uns.

NAOMI Okay. Okay. 50/50.

LEA 200 000 Dollar? Gibt's das?

NAOMI Minus Transportkosten.

LEA Wie viel ist das?

NAOMI Zehn Prozent.

LEA Macht 180 000 Dollar für uns?

NAOMI Ja.

LEA O Mann ... O Mann ...

FRED 180 000 Dollar?

LEA Lang lebe Tiger. Echt. Lang lebe Tiger. Ist das ein Deal?

NAOMI Ja.

LEA Gib mir die Hand!
Sie geben sich die Hand.
Gebt euch die Hand. Lang lebe Tiger, der Retter der Armen!

FRED Ja dann ... lang lebe Tiger ...
Sie geben sich die Hand.

NAOMI Sagt mal ... Wie kommt es, dass ihr hier vorbeischaut heute, eigentlich, per Zufall?

LEA Wie, warum?

170 tattoo

NAOMI Soviel ich weiß, wart ihr bei der Eröffnung der Galerie zum letzten Mal hier …

FRED Ja? Stimmt. Das kann sein.

NAOMI Das ist vier Jahre her.

LEA Ja, stimmt. Das ist lange her.

NAOMI Und jetzt kommt ihr hier ganz per Zufall in dem Moment reingelatscht, wo ich mit Jim deale.

LEA Na ja.

NAOMI Du bist so schlecht. Weißt du das? Wenn du nicht auf der Bühne bist, spielst du so schlecht! Du bist durchsichtig, Lea. Ich seh durch dich durch.

LEA Danke.

NAOMI Also was ist? Wie kommt das?

LEA Alex hat uns gewarnt.

NAOMI Alex?

LEA Ja. Hat uns angerufen. Hat gesagt, du verkaufst Tiger, wir müssen was tun, hat er gesagt.

NAOMI Aber Alex weiß doch nichts davon.

FRED Hast du's ihm nicht erzählt?

NAOMI Ich hab ihm nichts erzählt. Er kann das nicht wissen!

Alex kommt auch

Wir hören die Tür der Galerie aufgehen.

ALEX *off* Hallo?

NAOMI *leise* Das ist Alex!

ALEX *off* Naomi?

NAOMI *laut* Komm rein, wir sind da!

Auftritt Alex. Er wischt sich den Schweiß von der Stirn.

ALEX Ach, ihr seid auch da? Schön!

LEA Schon gut, sie weiß, dass du uns hergeschickt hast.

ALEX Ach so … ja …

NAOMI Danke, Alex.

ALEX Ja. Bitte. Was denn?

NAOMI Dass du mir die beiden an den Hals gehetzt hast.

ALEX Ach so, na ja. Ich dachte, wäre ganz fair, wenn sie was abkriegen würden, nein? Habt ihr euch geeinigt? Ich dachte, so 'ne 50/50-Lösung wäre ganz gut. Wobei ich eigentlich auch was abhaben möchte, wenn ich's mir recht überlege. Ich hab ja schließlich die ganze Arbeit gemacht. Nein?

NAOMI Du willst was abhaben, das kannst du: Deine Ausstellung, die kannst du vergessen, deine Ausstellung, ja?

ALEX Ach. Vergessen ja?

NAOMI Ja. Genau.

ALEX Ach so. Ja. Schade.

NAOMI Woher hast du vom Deal mit Harris gewusst?

ALEX Hm? Moment, ich sag's dir gleich. Aber ich hab euch was mitgebracht. Das muss ich euch erst zeigen.

LEA Uns?

ALEX Ja. Euch allen. Moment. Ich hol's schnell rein.

Alex ab. Die drei stehen etwas ratlos in der Gegend rum. Alex kommt nochmal zurück.

Seid ihr bereit?

NAOMI Ja. Was denn?

ALEX Schaut erst alle weg, ja? Bitte. Schaut alle dahin, erst mal. Ist 'ne Überraschung. Okay?

Die drei wenden sich ab. Alex verschwindet wieder.

FRED Das mit der Ausstellung ist vielleicht etwas übertrieben, nein?

NAOMI Kümmere du dich nicht um Politik, bitte.

Einen guten Freund haben

Alex schiebt einen zweiten, identischen Glaskasten mit einem zweiten, identischen Tiger herein.

ALEX So. Ihr könnt schauen.

Die drei schauen sich um. Stille.

NAOMI Was ist das?

ALEX Wie, was ist das?

LEA Was ist das?

NAOMI Wie ist das möglich? Wie ist das … Was ist das? Das ist eine Kopie, nein? Oder was?

LEA Das … Sieht aber echter aus als der da, der da.

172 tattoo

NAOMI Moment, das ist das Original. Nein? Das ist der echte, richtig? Wer ist echt?

ALEX Sind beide echt.

NAOMI Sehr witzig. Die Kopie ist doch nichts wert, stimmt's? Du hast uns die Kopie angedreht, stimmt's?

ALEX Na ja. Kopie. Die sind beide echt, ein wenig.

NAOMI Ja, genau. Tiger hatte einen Zwillingsbruder.

ALEX Na ja. Das war so ein Test. Wollte schauen, was ihr mit dem Ding anstellt. Man kann ja nicht jedem ein Original anvertrauen, gleich. War so ein Test.

FRED Scheiße.

NAOMI Was?

FRED Der hat sich bewegt! Der hat sich bewegt, verdammt. Ich schwör's dir!

LEA Hör auf, du machst mich ganz nervös!

— —

NAOMI Was erzählst du da für 'nen Blödsinn. Du phantasierst. Typisch Schriftsteller.

— —

Oh!

LEA Was?

NAOMI Er hat sich bewegt! O Gott. O GOTT! *Naomi macht ein paar Schritte rückwärts.*

LEA HÖRT AUF, VERDAMMT. Ihr macht mir Angst.

NAOMI Ich schwör's!

Plötzlich hebt der zweite Tiger den Arm und steigt aus dem Glaskasten. Er wendet sich an Lea, Fred und Naomi, die völlig erschüttert und regungslos dastehen.

TIGER Was?

Ein langes Schweigen. Es bleibt unklar, ob sich gleich alle verprügeln oder umarmen werden. Schließlich fängt Tiger leise an zu lachen.

Was denn?

NAOMI *ganz leise* Tiger?

TIGER Ja! Hallo Naomi! Hallo Fred! Na? Lea?

LEA Was … was soll das?

TIGER Ihr freut euch gar nicht? Ich lebe! *Tigers Lachen wird lauter.*

FRED Du warst gar nicht …

NAOMI Alex, ich verstehe nicht.

Alex lacht inzwischen aber auch.

Tiger? TIGER!

Die beiden lachen weiter. Fred tritt an Tiger heran. Tiger hebt schützend seinen Arm hoch, weicht zurück und lacht weiter. Fred bleibt vollkommen fassungslos stehen. Das Lachen wird immer hysterischer.

Alex! ALEX! Kannst du mir was erklären? Bitte!

ALEX Hm? Ist für New York, das Ding.

NAOMI WAS? Was ist für New York?

ALEX Die Bänder.

NAOMI Welche Bänder? Tiger, verdammt, hör auf! HÖR AUF! SO-FORT! DU … HÖRST … JETZT … SOFORT … *Naomi stürzt auf Tiger zu und schlägt ihn.*

TIGER He, is ja gut! Hör du auf. Ich bin zerbrechlich, Nai. Das weißt du doch! Und wertvoll bin ich auch.

NAOMI Du sagst mir sofort hier, sofort sagst du mir, was das alles soll, dieser Schock!

TIGER Schock? Ja? Ja! Ich komme aus der Totenwelt zurück, und du schlägst mich! Zur Begrüßung. Das ist ein Schock, ja! Aber was das soll, weiß ich auch nicht.

Naomi deutet auf die Rückwand der Galerie, wo der Loop mit Tigers Unfall flimmert.

NAOMI Was ist das?

TIGER Was ist was?

NAOMI Dieses Video?

TIGER Das musst du doch wissen. Du bist doch die Galeristin hier, nein?

NAOMI WAS IST DAS?

– –

TIGER *zu Alex* Weißt du, was das ist?

ALEX Ich glaube, das ist Kunst!

Alex und Tiger prusten wieder los.

Ja, doch, das ist Kunst. Eindeutig.

TIGER Jedenfalls ist sicher, dass der Mann, der hier steht, nicht der Mann ist, der dort fliegt.

ALEX Da der Mann, der dort fliegt, nicht hier stehen könnte.

TIGER Nachdem er geflogen ist, und tot. Außer …

ALEX Außer …

TIGER Außer der Mann, der dort fliegt, tut nur so, als ob er fliegt.

ALEX Und tot ist.

TIGER Außer, er fliegt künstlich.

ALEX Außer, er stirbt künstlich.

TIGER Das ist logisch.

ALEX Und weil dieses Video h i e r gezeigt wird, an diesem Ort, liegt die Vermutung nahe, dass es sich tatsächlich um Kunst handelt.

TIGER Um eine Art Simulation.

ALEX Einen optischen Betrug. Sozusagen.

TIGER Auch weil der Mann, der dort fliegt, ein großer Künstler ist. Und die sind bekanntlich unsterblich.

ALEX Auch das, ja.

– –

LEA Aber, aber ich verstehe nicht, wie du so was, wie ihr so was tun konntet? Wir haben … wir waren an deinem Begräbnis! Wir haben an deinem verdammten Grab geweint!

TIGER Ich weiß, ich weiß. Alex hatte ja die Videokamera dabei. Er hat doch alles gefilmt. Ich hab's gesehen. Ich war echt super gerührt. Mein Begräbnis war einer der tiefsten Momente meines Lebens, echt. Das war super hart, für mich. Ich bin fast draufgegangen. Nein, im Ernst. Das könnt ihr mir glauben. Ich war fertig. *Zu Alex* War ich fertig?

ALEX Er war total fertig.

FRED *zu Tiger* Du bist vollkommen widerlich.

– –

TIGER Hm?

FRED Du bist WIDERLICH!

TIGER Hey, jedem das Seine. Ich mach meinen Job. Und du solltest deinen machen. Wenn du deinen machen würdest, käme nämlich irgendwann mal ein Buch von dir raus, irgendwann … jedem sein Job.

LEA Ich hab eine Woche lang mit einer Leiche neben dem Bett gelebt!

TIGER Ich weiß, ich weiß.

LEA Ich hab kein Auge zugetan!

TIGER Echt? Sah nicht so aus.

LEA Was?

TIGER Dass du nicht schlafen konntest.

LEA Von was redest du? Ich hab ein verdammtes Trauma!

TIGER Na na na. *Imitiert Lea* »Ich meine, er stört mich nicht, ich hab mich an ihn gewöhnt und so, aber ich hänge nicht an ihm. Echt.« Klingt nicht nach Trauma. *Zu Alex* Klingt nicht nach Trauma, oder?

ALEX Nee.

– –

LEA Woher hast du das? *Lea geht auf den Tiger im Glaskasten zu.* Woher hast du das?

TIGER Siehst du's?

LEA Was?

TIGER Schau mal oben.

LEA Was? Wo?

TIGER Im Deckel, siehst du? Da, wo das Licht drin ist?

LEA Was ist da?

TIGER Eine Kamera. Dreht sich ferngesteuert um 360 Grad. Unten, die Dinger, das sind Grenzflächenmikros.

FRED Was?

TIGER Ja. Die Aufnahmen sind super. Sind für New York.

NAOMI Was redest du da immer von New York?

TIGER Die ganzen Aufnahmen, die ich damit gemacht habe. Meine Videoinstallation für New York. Nai. Das weißt du doch. Die Artfair.

NAOMI Die Artfair. Ja.

TIGER Ja. Meine Installation: »Einen guten Freund haben«. Versteht ihr, ist doppeldeutig. »Einen F r e u n d haben« und »einen Freund h a b e n«. Ich stelle mich aus, also den da. Und dazu die Aufnahmen rund um meine Leiche. Ja? Erst wollte ich, dass sich die Story nur auf euer Leben mit der Leiche beschränkt. Aber dann hat's die Nai vermasselt, mit ihrer Gier. Ich hab ja gehofft, ihr würdet euer Versprechen halten und mich nicht weggeben, weil das volle Kanne meinen Plan hätte durchkreuzen können, aber dann ... ist echt 'ne gute Story mit dem Verkauf der Leiche und den beiden Hütern der Moral, die sich korrumpieren lassen und den Deal mitmachen. Das war süß. »180 000 Dollar für uns.« Super. Und was das aussagt über den Kunstmarkt ... und über Freundschaften erst, nicht schlecht ...

176   tattoo

LEA   Aber du bist doch tot, in dem Moment!

TIGER   Ja eben, ist doch aufschlussreich, was man so ist, wenn man nicht mehr ist. Einfach 'n Ding. Und Versprechen erst! Versprechen: Wem hab ich was versprochen? Den gibt's doch nicht mehr! Hab echt was gelernt von euch. Super. »Einen guten Freund haben« wird tödlich, echt. Die Bombe wird das!

FRED   Moment, du willst u n s ausstellen?

TIGER   Na ja. Nicht euch, die Skulptur eben, und meine Videos von euch. Sind dokumentarische Aufnahmen. Eine Art Dokumentarfilm. Ich muss ihn natürlich noch schneiden. Ich habe 240 Stunden Rohmaterial. Gibt was zu tun, noch.

NAOMI   Du willst mich ruinieren …

TIGER   Hey, du wolltest mich verkaufen, wenn dich das ruiniert, ist das nicht mein Problem. Los, Alex, wir gehen.

LEA   Tiger, du hast uns alle … du hast mich, das kannst du nicht machen …

FRED   Ich werde dich verklagen.

TIGER   Wirst du nicht.

FRED   Nein?

TIGER   Keiner von euch wird mich verklagen.

NAOMI   Ach, und warum bist du dir da so sicher?

TIGER   Weil ich zu viel weiß über euch alle. Darum.

– –

Zu Alex Los, wir gehen. Pack das Ding ein.

ALEX   Warte mal.

TIGER   Hm?

ALEX   Ich weiß nicht. Ich finde es nicht in Ordnung, dass du die … also ich weiß nicht, ich will hier niemanden verarschen.

TIGER   Wie meinst du das?

ALEX   Na ja. Du wolltest doch, dass sie sich nicht verarscht vorkommen. Das hast du mir gesagt. Aber das tun sie doch jetzt.

TIGER   Hey, das kann ich nicht ändern, ist nicht mein Problem. Kann ich das ändern? Nein. Los. Pack das Ding ein.

ALEX   Nein. Da mach ich nicht mit. Ich will hier niemanden verarschen.

TIGER   Du willst MICH verarschen offenbar, das willst du!

ALEX   Nein!

TIGER   Aber es ist auch vollkommen egal, was du willst oder nicht, du tust, was ich dir sage. Dazu bist du da, gerade.

ALEX Nein.

TIGER Was widersprichst du mir? *Zu den anderen* Der hat so 'ne
Macke, der widerspricht mir immer. *Zu Alex* Ist wohl irgendwo
'ne Schraube locker oder was, keine Ahnung. Ich meine, das musst
du echt noch lernen. Politik. Du bist in diesem Moment nicht gefragt! Das ist ein heikler, emotionaler Moment für alle hier. Und da
geht es gerade so dermaßen überhaupt nicht um dich und was du
willst, das kannst du dir gar nicht vorstellen. Also pack das Ding
ein.

ALEX Ich will hier niemanden verarschen.

TIGER Willst du dich einschmeicheln? Bei den Verlierern? Bei Naomi? Hat sie dir was versprochen? Will sie dir helfen? Ja? Es ist
dumm! Merk's dir. Du solltest dich nicht bei Verlierern einschmeicheln, das bringt nichts. Es ist dumm. Aber bitte, wenn du da bleiben willst, mach ich's eben alleine, fuck.

*Tiger greift nach der Kiste mit seinem Doppel und beginnt, sie
rauszustoßen. Da greift Alex nach einem herumstehenden Kunstwerk, das relativ gut in der Hand liegt (die zur Faust geballte
Hand), und schlägt Tiger damit von hinten auf den Kopf. Tiger geht
zu Boden und versucht, den Kopf mit den Händen zu schützen. Aber
Alex schlägt immer wieder und immer heftiger zu. Blut spritzt herum.*

ALEX Du wirst hier niemanden verarschen. Auch mich nicht.

LEA Alex, nein!

ALEX Du wirst mir nicht sagen, was ich zu denken hab und was ich
tun soll, und du wirst mich nicht vor anderen Leuten erniedrigen.

FRED Alex!

ALEX Du wirst hier niemanden verarschen! Niemanden! Auch mich
nicht! Ich lass mich von dir nicht klein machen! Von niemandem,
auch von dir nicht.

*Alex steht über dem reglosen, blutüberströmten Tiger. Er lässt das
Kunstwerk aus den Händen gleiten und entfernt sich schwer at-
mend einige Schritte von seinem Opfer. Da rührt sich Tiger nochmal. Er lebt noch. Er versucht aufzustehen. Schließlich kriecht er
nur etwas vorwärts.*

FRED Scheiße. Das gibt's nicht.

NAOMI Alex, Alex! Er lebt noch! Schnell!

*Alex nimmt das Kunstwerk nochmals zur Hand und schmettert es
Tiger nochmals über den Schädel. Und nochmals. Er lässt es wie-*

der fallen und macht ein paar Schritte zurück. Tiger rührt sich nicht mehr. Alex steht blutverschmiert da und schaut, völlig unter Schock, in die Runde. Stille.

TIGER *flüstert* Lea, Lea ... Lea ...
Lea geht zu ihm, hält seine Hand.

LEA Das wird schon, Tiger, das wird schon.
Da holt Alex zu einem neuen Schlag aus.

FRED LEA!
Lea weicht aus. Der Schlag erwischt Tiger voll auf den Kopf. Stille.

NAOMI *zu Alex* Alex, du wirst groß. Du wirst sehen, eines Tages wirst du ganz, ganz, ganz groß. Ich weiß das. Wir werden ganz groß zusammen, ich weiß das. Du und ich.

ALEX Ja.

NAOMI Ich hab ein gutes Gefühl für solche Sachen.

ALEX Ich weiß.

– –

LEA Ist er tot?

NAOMI Er ist schon seit zwei Monaten tot. Könnt ihr euch nicht mehr erinnern, an sein Begräbnis?

LEA Doch, doch. Ja.

FRED Doch. Wi ... wir ... wa ... waren ja da.

NAOMI Genau. Wir waren alle da.

– –

Alex?

ALEX Was?

NAOMI Wie lange dauert das, bis du mir den ausstopfst?

ALEX Mit Plastifizieren? Etwa drei Wochen.

Paul

Fred und Lea sitzen auf dem Bett in ihrer Wohnung. Die Wohnung sieht ähnlich aus, ist aber viel größer als die frühere. Lea hält Freds fertiges Manuskript in den Händen. Sie liest, dann legt sie das Manuskript weg.

LEA Ja, aber das Ende, was ist das?

FRED Wie, was ist das?

LEA Was bedeutet es, dass sie ihn umbringen?

FRED Ist doch metaphorisch.

LEA Metaphorisch für was?

FRED Fürs Ende der Moderne. Der moderne Gedanke hat bewiesen, dass er nicht lebensfähig ist.

LEA Aber ich will doch wissen, wie's weitergeht.

FRED Das weiß ich doch nicht, wie's weitergeht. Wie soll ich das wissen? Ich male ein Porträt von jemandem, und ich male ihn ebenso, wie ich ihn sehe, in dem Moment. Ich male ihn doch nicht so, wie er sein wird. In Zukunft.

LEA Aber wie sollen die denn weiterleben? Die haben doch ein Verbrechen auf dem Gewissen?

FRED Ja. Schwierig. Aber ich glaube, sie schaffen's.

LEA Wie denn?

FRED Ich vermute, sie finden sich damit ab. Zumindest zwei von vier.

LEA Welche zwei?

FRED Das weißt du doch.

LEA Du vermischst Leben und Kunst. Ich dachte, das sei verboten.

FRED Was denn? Wie findest du's?

LEA Weiß nicht. Ein wenig traurig.

FRED Aber ich hab dich doch lachen sehen, immer wieder mal beim Lesen.

LEA Ich wollte immer schon eine Schwester haben.

FRED Ich weiß.

Fred lächelt. Der folgende Dialog hat etwas von einem Spiel.
Sag mal. Findest du nicht, dass wir die Wohnung aufräumen sollten, ein wenig?

LEA Warum?

FRED Wegen Paul.

LEA Warum?

FRED Weil er vorbeikommt, gleich.

LEA Das weiß ich.

FRED Ja. Und ich hab ihn schon ein Jahr lang nicht gesehen, und ich will nicht … es geht um Respekt. Paul ist ein Freund, und ich hab ihn schon lange nicht gesehen. Also raum ich ein wenig auf.

LEA Warum denn? Die Leute können ruhig sehen, wer wir sind.

Sie rühren sich nicht. Sie schweigen. Schließlich steht Fred auf.

FRED In einer Viertelstunde kommt Paul.

LEA Hat er gesagt, um was es geht?

FRED Nur dass er uns nach Capri einladen will, in sein Haus. Er will, dass ich ihm helfe mit diesem Drehbuch. Keine Ahnung. Er war am Flughafen und wollte nicht lange reden.

LEA Nach Capri.

FRED Ja.

LEA Und?

FRED Was?

LEA Schreibst du ihm sein Drehbuch?

FRED Weiß nicht.

– –

Nur, wenn du mitkommst. Kommst du mit?

LEA Natürlich komm ich mit.

***

*

the future
will be better
tomorrow

Ein fiktives Gespräch
zwischen Réjane Desvignes
und Igor Bauersima
von David Freimann

IB	Ich lass dir das erste Wort.
RD	Das erste Wort war »ich«.
IB	Genau, und das zweite …
RD	Lass. Sie waren beide von dir.
IB	Vor dir, also vor deiner Zeit war das erste Wort …
RD	Das erste Wort kam nach dir.
IB	Nach dir kam das erste Wort. Vor deiner Zeit waren erste Worte immer Schmerzen.
RD	»Mir ist schlecht! Mir ist schlecht!« Ich erinnere mich.
IB	Die Worte vor dem ersten Wort.
RD	Ich bin geflohen.
IB	Um zurückzukommen, wenn's vorbei ist.
RD	Es war dieses Nichts-Problem.
IB	Aus dem Nichts in die Welt fallen! Sogar für ein Wort ist das unmöglich.
RD	Die Welt fällt uns ins Wort, bevor es sich melden kann.
IB	Und wir versuchen sie wieder herauszuschütteln.
RD	Und alles durcheinander zu werfen, was nur nach Ordnung aussieht.
IB	Um eine Ordnung zu schaffen, eine überprüfbare Wertung der Begriffe. So überprüfbar wie die Welt.
RD	Um nicht zu sagen, sondern um zu zeigen.
IB	Habe ich das nicht immer gesagt?
RD	Und habe ich das nicht immer getan?
IB	Und jetzt das.
RD	Und jetzt das Jetzt.
IB	Ein Ort, den manche nur auf Zehenspitzen zu besuchen wagen.
RD	Ein Ort, den zu verlassen sich so einige nicht getrauen.
IB	Ein Ort, der allen Mut der Welt bewegt.
RD	Denn, wer im Jetzt lebt, lebt in der Zukunft.
IB	Und wer will da nicht mal hin.
RD	Was wissen wir von ihr?
IB	Die Zukunft ist der Plan der Vergangenheit.

RD	Wir wissen, die Zukunft wird morgen besser sein.
IB	The future will be better tomorrow.
RD	Ein wahres Wort. Angenommen nämlich, morgen ist alles schlimmer, schauen wir dann nicht umso sehnsüchtiger und hoffnungsvoller in Richtung Zukunft?
IB	Ja, »in Richtung Zukunft« ist zwar nicht ausgeschildert, aber es kommt ein Punkt, da mag man nicht mehr denken, dass es noch schlimmer kommt.
RD	Und wenn sich morgen alles zum Besseren wendet, denken wir sofort, das ist der normale Lauf der Dinge. So wird das immer weitergehen. Die Wiege des Glücks ist die menschliche Natur selbst.
IB	Wobei das Unnatürliche immer wieder hoch im Kurs ist.
RD	Du meinst das Unglück.
IB	Ja. Nicht alle können mit der Wirklichkeit was anfangen.
RD	Das wollte ich lange nicht wahrhaben.
IB	Ich erinnere mich zum Beispiel an Gespräche, in denen mein Gegenüber an meiner Existenz zweifelte.
RD	Und ich habe vermutlich lange Zeit viele solcher Gespräche geführt, ohne es zu bemerken.
IB	Man könnte seinem Gegenüber zu Beginn immer eine runterhauen. Als Existenzbeweis. Aber ein Präventivschlag ist schlechte Werbung für neue Ideen.
RD	Jemandem seinen Kopf zerdeppern, um ihn dazu zu bewegen, ihn zu gebrauchen, sozusagen.
IB	Genau.
RD	Aber glücklicherweise ist die Entscheidung zwischen Glück und Unglück jedem selbst überlassen.
IB	Man braucht sich nur für die Realität zu entscheiden.
RD	Sie sich zum Freund machen.
IB	Außerdem kann man Realitätsflüchtlinge meiden, wenn man sie rechtzeitig erkennt: wenn das Gegenüber zum Beispiel behauptet, ein Sachverhalt sei so und gleichzeitig auch ganz anders.
RD	Da kann man mit gutem Gewissen Abstand nehmen.
IB	Oder wer sagt, Leiden sei wichtig. Wer von Leidenschaft schwärmt.
RD	Wer sich belügt, belügt auch andere.
IB	Dass Leiden keine metaphysische Bedeutung hat, ist mir übrigens erst spät aufgegangen.

RD   Ich erinnere mich. Es gibt noch den, der sagt, er wisse nichts.

IB   Mit dem hat man sich auch nichts zu sagen.

RD   Oder wer sagt, man werde nie die Wahrheit erfahren.

IB   Ein Betrüger. Man muss sich vor ihm in Acht nehmen oder über ihn lachen.

RD   Es ist gut, über das Kleine zu lachen.

IB   Wenn man weiß, es gibt Größeres.

RD   Man kann auch darüber weinen.

IB   Aber darüber den Kopf verlieren braucht man nicht.

RD   Andere lachen über Größe, weil sie selbst klein sind.

IB   Aber sie lachen schlecht.

RD   Was ist schlechtes Lachen?

IB   Gutes Lachen ist, über das Schlechte zu lachen.

RD   Und schlechtes Lachen ist, über das Gute zu lachen.

IB   Ein Lachen, in dem die Welt verschwindet.

RD   Aber es gibt ein Lachen, bei dem das Kleine nicht vorkommt, aber das Lachen ist trotzdem gut.

IB   Das Lachen im Guten.

RD   Das glückliche Lachen.

IB   Das Lachen im Wissen um das gutmütige Universum.

RD   Das »Ich verlasse das Theater und es war gut«-Lachen.

IB   Das »Ich trete ab und bin stolz«-Lachen.

RD   Erst mal das »Ich trete auf und bitte nicht um Erlaubnis«-Lachen.

IB   Diese Welt, in der wir mit dem Wort die Wirklichkeit berühren und uns darin lachend zu ungeahnter Größe strecken, um mit den Fingerspitzen die Zukunft zu ertasten …

RD   Das Theater.

IB   Und das erste Wort.

***
*

Fake ist total real

Und plötzlich wird es ernst. Ein Schritt zu nah gerangelt am Abgrund, und Julie hängt an der Klippe. Gleich wird sie abstürzen, 600 Meter tief in den norwegischen Fjord. Das war es doch, was sie wollte: tot sein, »das Leben sein lassen«. Hat sie nicht eben noch versucht, ihren widerstrebenden Suizidpartner eigenhändig da runter zu befördern, um ihm umgehend nachzuspringen? Und jetzt bettelt sie ihn um Hilfe an? Wir sind genau in der Mitte von *norway.today*, und die Situation kippt. August wird Julie hochziehen, und einen Moment später wird sie zum ersten Mal eine Berührung wagen, die keine Abwehr ist. Die Liebe ist stärker als der Tod? Nein, so einfach ist das nicht.

Nichts ist einfach im Leben von Julie und August, vielleicht, weil alles zu einfach ist. »Ich hab alles gehabt«, behauptet Julie. Einen netten Papa, der sie als Kind in diesen Abgrund gucken ließ – und sie dabei an den Füßen festhielt. Immer sind sie festgehalten worden, Julie und August, immer waren die Abgründe nur virtuell. »Alles chillt«, findet August, »alles ist fake.« Jetzt wollen sie den freien Fall, den Ernstfall. Ende des Spiels.

Das ist die Theatersituation, in die Igor Bauersima seine Figuren manövriert. Sie ist, gruseliges Paradox, aus dem Leben gegriffen. Beziehungsweise aus dem *Spiegel*. Dort fand Igor Bauersima den Artikel über eine junge Österreicherin und einen Norweger, die im Internet einen Selbstmordpakt geschlossen hatten und ihn im Februar 2000 mit einem Sprung vom »Predigerstuhl«, einem 610 Meter hohen Felsen in Norwegen, besiegelten: Jugendliche, kein Einzelfall, deren Lebensgefühl so sehr im Virtuellen beheimatet ist, dass ihnen das Leben selbst abhanden kommt. »Hier geschieht nichts Echtes«, sagt August in *norway.today*, und als das Echte geschieht, das Polarlicht am Himmel erscheint, holt er ganz schnell die Kamera. Dass er und Julie sich am Ende wohl doch nicht umbringen werden, hängt mit der Erkenntnis zusammen, die sie beim Betrachten der Videobilder ereilt: »Das Ding ist, auf dem Video sieht's viel kleiner aus, und dunkler. Man muss das echt erlebt haben.«

Zwei Fast-noch-Kinder mit Hochsommernamen stellt Bauersima in eine kalte norwegische Winternacht. Er ist, inhaltlich fasziniert von allem, was die Moderne an Verwerfungen zu bieten hat, formal ein fast klassischer Autor, der eine Handlung konstruiert, Figuren durch eine Entwicklung führt, sogar die Einheit von Raum und Zeit ziemlich konsequent einhält. In einer Nacht werden Julie und August den Weg vom Tod zurück ins Leben hinter sich bringen.

Die Gefühlswelt der Kinder von Internet, Digitalkamera und Mattscheibe aber entfaltet sich am zuverlässigsten im vermittelten Bild, im Zitat. Die herbe Julie, ein Kind aus bildungsbürgerlichem Hause, akzeptiert den Partner fürs Sterben, als er ihr mit Kant kommt, später wird sie ihn erstmalig »süß« finden, als er die Kamera auf sich hält und sein Kopf überlebensgroß die Leinwand füllt. Auf die Spitze treibt Bauersima dieses Prinzip in einer Liebesszene, die eine Sexszene wäre, fände sie nicht nur in der Vorstellung statt: »Ich würde dann mit meiner Hand so hin und her machen vermutlich«, erklärt Julie. »Und dann würde ich schon versuchen, mit der Hand so in Richtung Büstenhalter weiterzukommen, ohne dass es auffällt, groß«, *mutmaßt* August. So stellen sie sich die Liebe vor, in aller Ausführlichkeit, und werden darüber von coolen Fernsehkids zu scheuen Liebesanfängern: Der Konjunktiv der Virtualität wird zum Konjunktiv der Schüchternheit, ganz handfest und psychologisch triftig. Die beiden werden nicht springen.

Am Ende ist August auf gleicher Augenhöhe mit Julie. Im in immer neuen Anläufen ausgetragenen Wettstreit um das ultimative, das einzig wahre Abschiedsvideo, schafft er es, mit einem geklauten Text (von Cioran) der gerührten Julie zum Erkenntnisdurchbruch zu verhelfen: »Fake kann total real sein.« Da übernimmt August die Regie und schmeißt die Kamera in den Abgrund: Bilderzertrümmerung statt zerschmetterter Glieder. Das Happy End ist perfide, »ein Glück, von dem wir uns nicht so schnell erholen werden«, schwant August. Sterben geht nicht mehr, eine Raison d'être allerdings will erst noch gefunden sein. Die Generation Internet, ratlos. Aber nicht ohne Hoffnung.

Es ist diese Hoffnung, die Sehnsucht, hinter den Bildern eine Wirklichkeit zu finden, vielleicht sogar die echte, die wahre Liebe, die Bauersimas Theaterspiele zwischen fact und fiction unterscheiden vom kühlen Zynismus, mit dem andere Autoren seiner Generation die

188   Barbara Burckhardt

Überlebensversuche in einer medial vorgeformten Gegenwart zu beschreiben versuchen. Nie spuren seine mit Zärtlichkeit beschriebenen Figuren widerstandslos in den Rollen, die ihnen eine durchkommerzialisierte, in Lifestyles festgeschriebene Welt vorschreiben will. In *norway.today* trifft Bauersima ein jugendliches Lebensgefühl auf den Punkt, nicht nur hierzulande. In fünfzehn Sprachen wurde das wahrscheinlich erfolgreichste Stück der letzten Jahre übersetzt, an die siebzig Bühnen im deutschsprachigen Raum haben es nachgespielt. Mit seinem neunten Stück war der Durchbruch geschafft.

Igor Bauersima ist ein Grenzgänger: studierter Architekt mit eigenem Architekturbüro in Zürich, Saxophonist und Experimentalfilmer, Autor und Regisseur, nicht nur seiner eigenen Stücke: 2002 inszenierte er bei den Salzburger Festspielen ein Stück des durchaus seelenverwandten amerikanischen Autors Neil LaBute, *Das Maß der Dinge*, auch dies ein Text auf der Grenzlinie zwischen Kunst und Wirklichkeit. Sechs Sprachen spricht er: tschechisch wie der Vater, russisch wie die Mutter, französisch, englisch, deutsch. Und Berndeutsch.

Nach Bern war der gebürtige Prager nach dem Prager Frühling 1968 als Vierjähriger gekommen. Mit solchen Kindheitserfahrungen erlebt einer Sprache vermutlich lebenslang als etwas sehr Vermitteltes, und Bauersima spielt damit. Sein zweites Stück, den Plutonium-Thriller *Tourist Saga*, mit dem er 1995 zum ersten Mal zum Mülheimer Bestentreffen der Freien Theater »Impulse« eingeladen war, hat er auf Englisch geschrieben und dann ins Deutsche zurück übersetzt. Den ins Schreiben eingebauten V-Effekt hat er inzwischen offenbar völlig verinnerlicht: Bauersima ist ein Spezialist für den banalen Ton einer Nebensätzen abholden Sprache, dem Leben abgelauscht. Boulevardgesprächig leicht machen sie seine Stücke, die erst auf den zweiten Blick die Rigidität ihrer Konstruktion preisgeben und auf den dritten erst die philosophischen Lektüren ihres Autors und seine Beschäftigung mit den Endspielen der Autoren des absurden Theaters. Jahrelang hat er seine Stücke seiner 1993 in Zürich gegründeten Gruppe OFF OFF Bühne auf den Leib geschrieben, die seit 1997 einmal im Jahr am Theaterhaus Gessnerallee eine Produktion herausbringt.

Mit *Forever Godard* kam 1998 der erste große Erfolg, eingeladen und preisgekrönt bei »Impulse«, ein in Improvisationen entstandener rasanter Verschnitt von angedachten Lebensläufen und Figurenerfindungen, Geschichten und Abbrüchen, ein virtuoses Verlaufen im medialen Dickicht aus Bild- und Textzitaten auf der nicht auslotbaren Grenze zwischen Wahrheit (welcher?) und Fiktionen, die sich längst vor jede Selbstwahrnehmung gestellt haben. Danach kamen die Stückaufträge aus dem Stadttheater: *norway.today* entstand fürs Düsseldorfer Schauspielhaus, Bauersima selbst besorgte die Uraufführung.

Das tat er auch im Schauspiel Hannover mit seinem Gendebatten-Stück *futur de luxe*. Es beginnt dezidiert harmlos: Ein Sommerabend, im Haus der jüdischen Familie Klein haben Ulla und Theo ihre Kinder Uschi, Rudi und Felix zum Schabbath-Essen versammelt – ein Familienbild im gutbürgerlichen Ambiente. Nach zehn Minuten der Bruch. In der dritten Szene wird der Abend um ein paar Stunden vorgespult und bietet ein Bild der Verwüstung: Die Mutter gefesselt, Rudi fuchtelt mit einer Pistole herum, das Wohnzimmer ein Scherbenhaufen. Was ist passiert?

Igor Bauersima exponiert sein Stück *futur de luxe* als analytisches Drama im Geiste Ibsens – die Sünden der Väter, peu à peu enthüllt – und transplantiert in die Form des 19. Jahrhunderts die Debatten des 21. Denn wir befinden uns im Jahr 2020. Vater Theo, dessen Name nicht umsonst auf Gottähnlichkeit schließen lässt, ist ein international renommierter Genforscher. Die schreckliche Wahrheit zum Dessert präsentiert dem fassungslosen Nachwuchs das dunkle Geheimnis seiner Abstammung: Theo hat die Zwillinge im Jahre 1996 als Klone erzeugt – Rudi aus einem Finger Hitlers, Felix aus dem eigenen Genmaterial, ein groß angelegtes Zwillingsforschungsexperiment. Was geschieht, wenn das genetisch absolut Hitlerböse und das genetisch absolut Theogute unter den exakt gleichen Bedingungen heranwächst? Nature or nurture, das ist hier die Frage. Ist der Mensch auch moralisch determiniert durchs genetische Material? Theo, dessen Eltern sich im KZ trafen, scheint den Gegenbeweis erbracht zu haben: Felix aus Theo ist ein erfolgloser Kunstmaler wie Hitler, aber ein harmloser Schluffi, Rudi aus Hitler ein ehrgeiziger Medizinstudent in Theos Fußstapfen. Sobald das Klonierungsverbot gefallen ist, wird Theo seine Erkenntnis der Welt präsentieren.

Wenn, ja wenn die Versuchskaninchen nicht ganz Ibsen- (und ganz Bauersima-)mäßig plötzlich ihr Recht auf Identität einklagten. Nein, Rudi will nicht Hitler oder dessen pädagogisch gewendetes Gegenbild sein und Felix nicht seine Zukunft in Gestalt seines Vaters vor sich haben. Und Uschi, die der Vater von einem frühletalen Gendefekt kurierte, klagt gar das Recht auf ihr eigenes Schicksal ein, und sei es der Tod. Es kommt zur Revolte, zu Scherben, Hysterie und einem von Rudi mit diktatorischer Entschlossenheit ins Werk gesetzten Erpressungsmanöver. Mit vorgehaltener Pistole zwingt er Theo, seinem Forschungsprojekt abzuschwören, aller Bestrebungen fürs kollektive Ganze zu entsagen und fürderhin nur noch sein individuelles Glück und das seiner Familie zu verfolgen – The Pursuit of Happiness, durchgesetzt mit den Methoden eines totalitären Herrschers, der den Rassismus des »auserwählten Volkes« höhnisch hervorhebt: Das Böse kann sich jedes Inhalts bemächtigen. Schlummert in Rudi eben doch Hitler? Der Ausgang des Experiments bleibt offen. Oder, wie Felix sagt: »Es gibt Millionen Grauwerte.«

In Bauersimas intelligentem Diskursstück, der Familienthriller als Theater gewordene Ethikdebatte, verbirgt sich eine alte, humane Botschaft. Uschi formuliert sie: »Wir müssen lernen zu sein, was wir sind ... Auch sterben müssen wir lernen.« So wie Julie und August das Leben lernen müssen: Sich der Wirklichkeit zu stellen, darum geht es in beiden Stücken.

futur de luxe war nach *Factory* das zweite Stück Bauersimas, bei dem die 1969 geborene Genferin Réjane Desvignes mitarbeitete. Auch *tattoo* entstand in dieser Co-Autorenschaft, auch dieses Stück balanciert auf der unscharf gewordenen Trennlinie zwischen Kunst und Wirklichkeit. Ein Liebespaar steht im Zentrum von Igor Bauersimas Kunstbetriebssatire: Fred und Lea, er ein erfolglos vor sich hin wurstelnder und Tausende von Seiten ausdruckender Schriftsteller, sie Schauspielerin, die ihre Brötchen mit der Moderation einer Internetsendung unter Abspielung ihrer Lieblingssongs verdient, haben sich so gern, dass sie die beengten Verhältnisse in ihrem Ein-Zimmer-Produktions-Wohnküchenklo, keine Spur von Loft, mit Fassung tragen und unkorrumpierbar durch noch so lukrative Schwachsinnsangebote vom Fernsehen sind. Bis Tiger auftaucht, Leas alter Freund, der eine steile Karriere als absolut trendgerechter Künstler an der Westküste gemacht hat und selbst das reinste Kunstwerk ist: Über und über ist sein prominenter Körper mit Tätowierungen geschmückt. Im besoffenen Wiedersehensglück gibt Lea der alten Liebe ein folgenreiches Versprechen: Im Falle seines Ablebens – denn der Künstler, eigentlich ein cooler Zyniker, legt merkwürdige Todesphantasien an den Tag – wird sie den kostbaren mumifizierten Body hegen, pflegen und abstauben.

Kurz darauf kommt Tiger bei einer Kunstaktion ums Leben, die plastifizierte Tattoo-Leiche hält Einzug in der Einraum-Hütte. Und stellt das moralisch hoch stehende Paar auf eine harte Probe. Leas böse Halbschwester Naomi, die Tigers Galeristin und Gelegenheitsgeliebte war, bringt das wertvolle Stück in ihren Besitz und versucht, es zum Höchstgebot nach Amerika zu verscherbeln. Die Summe ist dermaßen exorbitant, dass auch Lea und Fred, die dem üblen Tun auf die Schliche kommen, schwach werden: Man einigt sich auf fifty-fifty. Jeder ist käuflich, scheinbar. Auftritt des tot geglaubten Tiger mit Assistent: Der Unfall war ein auf Video gebannter Fake, die falsche Leiche war mit Kamera und Aufnahmegerät präpariert, sämtliche Diskussionen ums Leben mit dem Toten sind dokumentiert und werden bei der nächsten Artfair in New York gemeinsam mit dem Vitrinentoten als Installation Tigers Ruhm ins Unermessliche steigern. Titel: Einen guten Freund haben. Da greift Assistent Alex ein ...

Bauersimas Geschichte endet mit Mord und Totschlag. Und erweist sich selber als Fake: Sie ist nichts anderes als die Geschichte, die zu Beginn des Stücks als Papierschlange aus Freds Drucker quoll: Der Mord war eine Metapher, »fürs Ende der Moderne. Der moderne Gedanke hat bewiesen, dass er nicht lebensfähig ist«. Sagt Fred, ganz Stimme seines Autors. Denn der macht es wie sein liebenswürdiger Held, kennt alle Schlichen des Vexierspiels, benutzt sie virtuos – und führt sie ad absurdum. Am Ende bleibt – ein Paar. Gleich wird allerdings wieder ein alter Freund zu Besuch kommen. Paul heißt er, wie Michel Piccoli in Godards *Mépris*, nach Capri wird er Fred und Lea bringen, um an einem Drehbuch zu arbeiten. Diese Godard-Geschichte endete bekanntlich letal. Und Bauersima entlässt mit dieser kleinen Referenz an den Meister seine Figuren erneut ins Reich der Fiktion. Auch diese Geschichte bleibt offen: Die Moderne ist nicht lebensfähig. Und man entkommt ihr nicht. Ziemlich dunkel sind die Diagnosen, die hinter Bauersimas so boulevardleicht hell konstruierten Theatergeschichten stecken. Forever Godard?

Barbara Burckhardt

Nachweise der Druck- und Aufführungsrechte

norway.today
© Fischer Taschenbuch Verlag in der S. Fischer Verlag GmbH,
Frankfurt am Main 2003
Uraufführung: Düsseldorfer Schauspielhaus, 15. November 2000
Regie: Igor Bauersima
Aufführungsrechte: S. Fischer Verlag GmbH, Frankfurt am Main

futur de luxe
© Fischer Taschenbuch Verlag in der S. Fischer Verlag GmbH,
Frankfurt am Main 2003
Uraufführung: Staatstheater Hannover, 23. Februar 2002
Regie: Igor Bauersima
Aufführungsrechte: S. Fischer Verlag GmbH, Frankfurt am Main

tattoo
© Fischer Taschenbuch Verlag in der S. Fischer Verlag GmbH,
Frankfurt am Main 2003
Uraufführung: Düsseldorfer Schauspielhaus, 1. Juni 2002
Regie: Igor Bauersima
Aufführungsrechte: S. Fischer Verlag GmbH, Frankfurt am Main